Ilona Bergen

Das Heilpflanzen-Horoskop

Astrologie und Heilkunde der weisen Frauen

De lanijs et phitonicis mu-
lieribus ad illustrissimum principem dominū Sigismūdum
archiducem austrie tractatus pulcherrimus

Ilona Bergen

Das Heilpflanzen-Horoskop

Astrologie und Heilkunde der weisen Frauen

Reihe BewußSein

Smaragd Verlag

Herausgegeben von Rauta Pitkä

überarbeitete und erweiterte Ausgabe des 1986 im Verlag Bert Schlender erschienen Titels "Das Heilpfanzen-Horoskop"
Smaragd Verlag, Neuwied, 1994
Printed in Hungary
Satz: DTP-Service-Studio, Rheinbrohl
ISBN 3-926374-35-7

Inhaltsverzeichnis

Die Heilpflanzen-Zeichen

(Jeweils Charakterologie/Kulturgeschichte/Rezepte/
Texte aus der alten magischen Literatur)

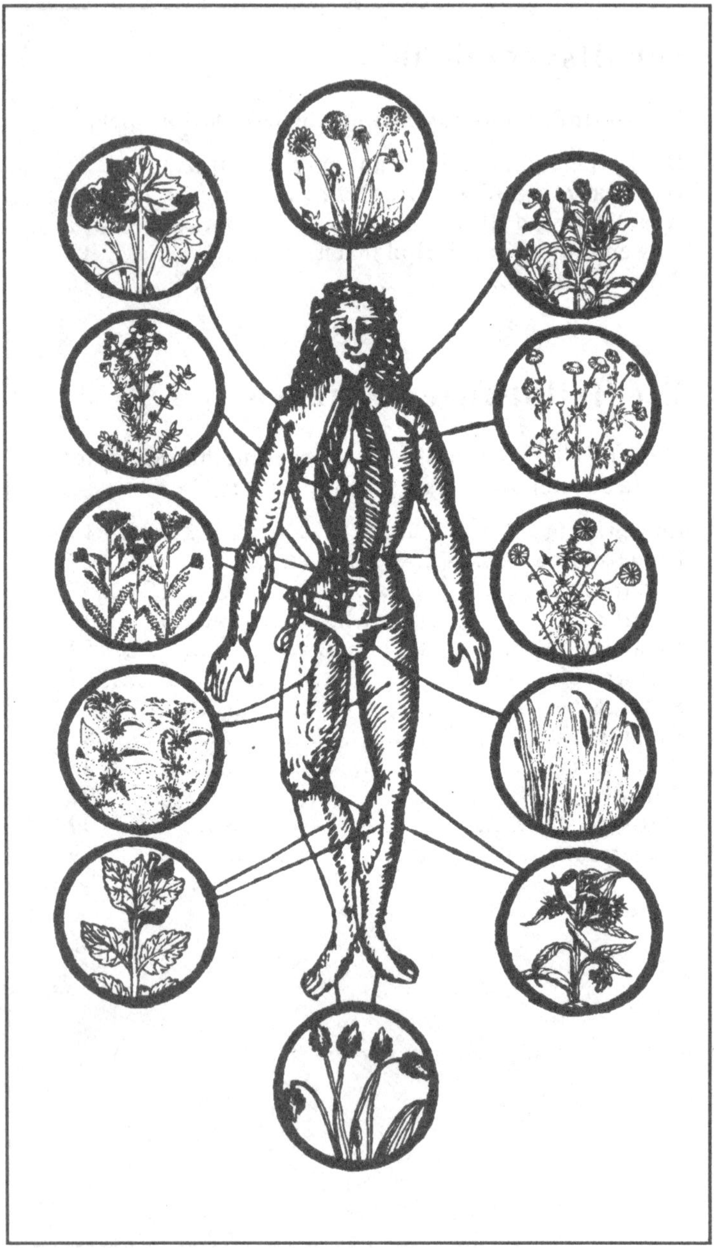

Das Heilpflanzen-Horoskop

Die Heilpflanzen und ihre Zuordnung zu den körperlichen Organen

21.03.-20.04.	Löwenzahn oder der Sonnenwirbel (Kopf/Augen)
21.04.-20.05.	Ringelblume oder die Safranrose (Nacken/Hals)
21.05.-21.06.	Huflattich oder das Gold der Lunge (Lungen/Bronchien/Arme)
22.06.-22.07.	Kamille oder das Kraut der Mütter (Magen/Verdauung/Brust)
23.07.-23.08.	Johanniskraut oder die Kraft der Sonne (Herz/Rücken)
24.08.-23.09.	Wegwarte oder die Blaue Blume (Leber/Milz/Darm)
24.09.-23.10.	Schafgarbe oder die Augenbraue der Venus (Nieren/Haut/Blase)
24.10.-22.11.	Kalmus oder die Wurzel der Säfte (Geschlechts- und Ausscheidungsorgane)
23.11.-21.12.	Brennessel oder die Pflanze des Feuers (Hüften/Schenkel/Arterien/Blutbahnen)
22.12.-20.01.	Beinwell oder die Honigblune (Knie/Knochen/Gelenke)
21.01.-19.02.	Melisse oder das Zitronenkraut (Kreislauf/Blut/Schienbeine)
20.02.-20.03.	Wegerich oder die Fußstapfen des weißen Mannes (Füße/Lymphsystem)

Die Pfanzen sind weiblich!

Weise Frauen als Hüterinnen des Lebens

Heilpflanzen, Medizin und Astrologie sind von altersher eng miteinander verbunden und waren immer eine Domäne der Frauen. Die Mütter der Stämme und Sippen galten - ob ihrer natürlichen Fähigkeit zur Schwangerschaft und Geburt - als Hüterinnen des Lebens. Durch die damit verbundenen Tätigkeiten als Hebammen und Geburtshelferinnen waren das Wissen um die Heilkräfte der Pflanzen und die mündlichen Überlieferungen, die von Generation zu Generation weitergegeben wurden, lebenswichtig für die Gemeinschaften. Diese Überlieferungen kamen aber nicht aus Büchern und Biblikotheken, sondern waren lebendiger Bestandteil des alltäglichen Lebens. Alle Kreaturen - Menschen, Pflanzen und Tiere - standen in partnerschaftlicher oder gar wissenschaftlicher Beziehung. Dieses Zusammenleben gestaltete die Formen und Rituale der Ernährung, der Heilkunst und des gesellschaftlichen Zusammenlebens.

Durch das natur- und frauenfeindliche Christentum wurden aus den "weisen (wissenden) Frauen" zuerst verächtlich "Kräuterhexen". Mehr noch, das Heilwissen der Frauen und Mütter wurde generell zur Hexerei verketzert. Und Hexen galten als Teufel in Frauengestalt und endeten auf den Scheiterhaufen der Inquisition. So ging wertvolles Wissen nahezu unwiederbringlich verloren. Trotzdem wurden über Generationen hinweg die Kenntnisse und Überlieferungen heilkräftiger Pflanzen weitergetragen: Von berühmten Klosterfrauen, wie der später heiliggesprochenen Äbtissin Hildegard von Bingen in ihrer "Naturgeschichte der Pflanzen" oder - kurioserweise - sogar von Männern, wie dem berühmten Arzt Paracelsus, der sich selber ausdrücklich als Schüler der "weisen Frauen" bezeichnete.

Vor diesem Wandel der Pflanze zur Heilpflanze hatten die weisen Frauen Astrologie und Heilkunde als kulturelle Einheit gesehen. Der Kreislauf der Natur und

seine kosmischen Gesetze mit ihrer Wirkung auf den Menschen zeigten sich auch bei den Pflanzen. Sie signalisierten Jahreszeiten und Wetterwechsel, Qualität von Boden und günstige Standorte. Da gerade mit dem Aussäen, Pflanzen und Ernten der Heilkräuter bestimmte Rituale, wie das Beachten der verschiedenen Mondphasen, verbunden waren, bestimmten die Pflanzen nicht nur die Ernährung, sondern sie halfen auch bei Krankheit, und aus ihren Fasern entstanden Materialien zum Schutz und Kleidung. Die sinnliche Erfahrung und der Respekt vor Pflanzen ist uns heute nahezu abhanden gekommen und wird erst mühsam wieder entdeckt.
So wachsen vor unserer Haustür Pflanzen, die völlig unterschiedliche Charaktere haben: manche sind gesellig, andere absolute Einzelgänger. Einige wirken günstig auf das Gedeihen anderer Pflanzen, während wieder andere das Wachstum der Nachbarn hemmen.
So nimmt es nicht wunder, daß schon früh die Ausstrahlung von Pflanzen und Menschen Ähnlichkeiten aufwiesen und einander zugeordnet wurden. Die ungestüme Energie des Löwenzahn, die stille Empfindsamkeit der Kamille, die pralle Sonnenkraft des Johanniskrauts, zartblühende Beinwell symbolisieren gleichzeitig das astrologische Spektrum menschlicher Charaktere. Deshalb handelt es sich bei dem hier vorgestellten Wissen nicht um ein schlichtes "Horoskop" mit zwölf Zeichen, sondern um die Wiederentdeckung des alten Wissens um die Wirkungen der Heilpflanzen und ihrer Beziehung zum Zodiak, wie sie schon im "Horn deß heyls Menschlicher Blödigkeit oder Kreutterbuch, darinn die Kreutter deß Teudschenlands/auß dem Liecht der natur/ nach rechter art der Himmelischen Einflissungen beschrieben" (1606) dargestellt wurden. So verknüpfen sich moderne Erkenntnisse der Astrologie und das Wissen der mittelalterlichen weisen Frauen zu einer neuen alten Form der Sterndeutung.

"Aus Blatt wird Blut"

Die grünen Blätter der Pflanzen gelten schon von altersher als Lebenssymbol, weil sie den biologischen Kreislauf gestalten. In einer alten Überlieferung heißt es: "Aus Blatt wird Blut", das bedeutet, Heilpflanzen kommen nicht nur im Krankheitsfall in Betracht. Schon Paracelsus sagte: "Unsere Lebensmittel sollen unsere Heilmittel und unsere Heilmittel unsere Lebensmittel sein."

Heilpflanzen sind also Nahrungsmittel, gegen Krankheiten vorbeugende Nährstoffe, und gleichen auch Mangelzustände aus. Pflanzensäfte im Frühjahr, z. B. die sogenannte "Gründonnerstagssuppe" aus vielen Kräutern oder andere Teekuren reinigen den Körper, schützen ihn vor Krankheiten und versehen ihn mit Aufbaustoffen. In diesem Sinne sollen die nachfolgenden Rezepte und Zubereitungsarten der Kräuter verstanden werden.

Mādragora
Capitulum
Andrago
Die mei
selbe dogent mit
wan als du geho:
pitel fur dissen·
alrun·Fraw
·ccxlviij·
ra muller latine·
ster sprechen gemey
diß allrun habe die
der ersten vnd dar
nit meen dar von
ret haist in dem cas

Anwendungen der Heilpflanzen

Zwei Grundsätze müssen vorangestellt werden:
1. Keine geschützten Heilpflanzen sammeln und 2. Nie alle Pflanzen oder Wurzel eines Standortes mitnehmen, damit sich die Pflanzen regenerieren können.
Im folgenden werden die verschiedenen Anwendungsarten vorgestellt, die dann im Rezeptteil angegeben sind.
1. Preßsaft: Aus frischen Blättern oder Wurzeln gepreßter Saft (Entsafter benutzen oder zerstampfen und durch ein Tuch pressen).
Frischsäfte sollen gleich nach ihrer Zubereitung eingenommen werden. Oft genügt ein Teelöffel, der pur oder mit Wasser, Milch o. ä. gemischt getrunken wird.
2. Tee: Kräutertees werden aus frischen oder getrockneten Blättern/Blüten zubereitet. Pro Tasse wird allgemein ein Teelöffel getrocknetes Kraut bzw. ein Eßlöffel Frischgut gerechnet. Diese Menge wird mit kochendem Wasser übergossen. Dann zugedeckt ziehen lassen: Blüten und bitterschmeckende Kräuter zwischen 3 und 5 Minuten. Zähere Pflanzen brauchen 10 bis 15 Minuten. Benutzen Sie ein nichtmetallisches Sieb zum Abgießen und trinken Sie ihn in kleinen Schlückchen.
3. Abkochen: Rindenteile, Wurzeln oder zähe Pflanzen werden abgekocht (ca. 5-15 Minuten, je nach Härte der Teile). Danach wird der Absud durchgeseiht.
4. Kaltauszug: Frische oder getrocknete Kräuter werden mit kaltem Wasser oder Wein übergossen (Dosierung etwa 1:20) und bei Zimmertemperatur stehengelassen. Auszüge mit Wasser sollen nicht länger als 12 Stunden stehen; mit Wein bis zu 14 Tagen. Der fertige Aufguß wird durchgefiltert und schluckweise getrunken (Dosis bei Auszügen mit Wasser: 1 Tasse; bei Wein: ein Likörglas). Der Auszug mit Wasser sollte vor dem Trinken leicht angewärmt werden.
5. Pulver: Kräuterpulver ist wie ein Konzentrat. Deshalb reicht meist eine Messerspitze, mit etwas Milch oder Wasser verrührt, als Dosis. Die getrockneten Kräuter werden in einer Gewürzmühle gemahlen oder

im Mörser zerrieben.
6. Tinkturen: Basis dafür sind meist frische Blätter, Blüten oder Wurzelteile. Tinkturen sind hauptsächlich für die äußere Anwendung bestimmt und nur in Ausnahmen können sie - mit starker Verdünnung - eingenommen werden. Die Kräuter werden in ein Schraubglas oder eine Flasche locker eingefüllt und mit Alkohol (70%igem oder aber auch einfachem Korn) übergossen. Das Ganze wird verschlossen 2 bis 3 Wochen an einen warmen Standort gestellt. Danach abseihen und abfüllen.
7. Salben wurden ursprünglich auf der Grundlage von Schweinefett zubereitet. Es sollte heute nur noch benutzt werden, wenn das Fett von biologisch ernährten Schweinen genommen werden kann. Sonst ist Salbengrundlage aus der Apotheke zu empfehlen (z.B. Vaseline).
Als weitere Anwendungsarten sind Umschläge, Verbände, Bäder und Inhalationen zu nennen. Bei Umschlägen können gut hautverträgliche Kräuter frisch zerkleinert oder gequetscht auf die zu behandelnden Stellen aufgelegt werden. Sie können leicht erwärmt (mit etwas Wasser) und mit einem Tuch abgedeckt werden. Stärker wirkende Kräuter sind in ein Leinensäckchen zu füllen. Es wird kurz in heißes Wasser getaucht und dann aufgelegt. Keine Plastikabdeckungen verwenden, damit Luft an die Haut kommt! Bei Bädern sollte das Wasser eine Temperatur von ca. 36 Grad haben; die Dauer sollte 15 Minuten nicht überschreiten. Badezusätze können Kaltauszüge, aber auch Tees oder Abkochungen sein. Beim Inhalieren werden Kräuter (wie zum Beispiel Kamille) in einen Topf mit siedendem Wasser geworfen (ca. eine Handvoll auf einen Liter); dann den Topf auf den Tisch stellen und den Kopf darüberbeugen. Ein großes Badehandtuch über Kopf und Schultern gelegt verhindert ein rasches Erkalten. 10 bis 15 Minuten Dauer genügen.

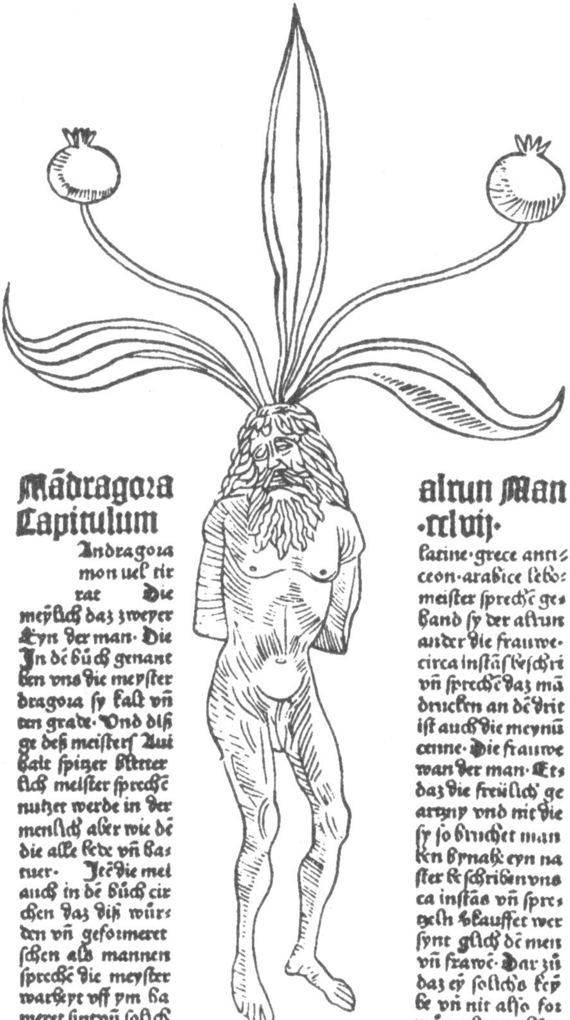

Mādragora altrun Man
Capitulum ·cclviij·

Andragora latine· grece anti=
mon uel tir ceon· arabice lebo=
rat Die meister sprechē ge=
meÿlich daz zweyer hand sy der altrun
Eyn der man· Die ander die frauwe·
In dē büch genant circa instās beschri
ben vns die meyster vñ sprechē daz mā
dragora sy kalt vñ drucken an dē drit
ten grade· Vnd diß ist auch die meynūg
ge deß meisters Aui cenne· Die frauwe
hait spitzer bletter wan der man· Es
lich meister sprechē daz die freülich ge
nutzet werde in der artzny vnd nit die
menslich aber wie dē sy so bruchet man
die alle bede vñ bas ken bynahe eyn na
tuer· Itē die mei ster beschriben vns
auch in dē büch cir ca instās vñ spre=
chen daz diß würs tzeln verkauffet wer
den vñ geformeret synt glich dē men
schen als mannen vñ frawē· Dar zü
sprechē die meyster daz eȳ solichs key
warheyt vff ym ha be vñ nit also for
meret sint vñ solich würtzeln wachsen
nit in der erdē sunder sie werde gemacht vō kunsten vñ also gestalt·

Sammelkalender

Name/Zeichen	was	wo	wann
Löwenzahn **21.3.-20.4.**	Blätter, Blüten, Wurzel	Wiesen, Weiden, Wegränder	**Blätter u. Blüten:** Frühjahr, **Wurzel:** Frühjahr oder Herbst
Ringelblume **21.4.-20.5.**	Blüten	Gärten	Juni/Oktober
Huflattich **21.5.-21.6.**	Blüten, Blätter	Schuttplätze, Steinbrüche, Schutthalden	**Blüten:** März/April **Blätter:** April/Juni
Kamille **22.6.-22.7.**	Blüten	Brachland, Äcker, Wegränder, Wiesen	Mai - Juli (bei Sonnenschein)
Johanniskraut **23.7.-23.8.**	Blüten	trockene, sonnige Wiesen, Waldränder	traditionell: um Johanni (21.-24.Juni)
Wegwarte **24.8.-23.9.**	Blüten u. Wurzel	Ödland, Weg- ränder	**Blüte:** Juli - Sept. **Wurzel:** Frühjahr und Herbst
Schafgarbe **24.9.-23.10.**	Blüten, Blätter	trockene Wiesen, Wegränder	Hochsommer zur Blütezeit
Kalmus **24.10.-22.11.**	Wurzel	Sumpf, Fluß-, Bachufer	Frühjahr oder Herbst
Brennessel **23.11.-21.12.**	Blätter, Wurzel	Schuttplätze, Wegränder, bei Stallungen und menschl. Siedl.	**Frische Blätter:** März - Juni **Tee:** März - Sept. **Wurzel:** Herbst
Beinwell **22.12.-20.1.**	Blätter, Wurzel	feuchte Wiesen, Bachufer	**Wurzel:** Frühjahr und Herbst **Blätter:** Juni - Sept.
Melisse **21.1.-19.2.**	Blätter, Kraut	Gärten	kurz vor der Blüte
Wegerich **20.2-.20.3.**	Blätter	Wiesen, Weg- ränder	Mai - August

LÖWENZAHN

21.3. - 20.4.

Löwenzahn: Kuhlattich, Bärenzahnkraut, Bettseicherkraut, Eierkraut, Mönchsplatte, Sonnenwirbel, Saublumen, Rheumatismusblätter, Pusteblume, Pferdeblumenkraut, Pfaffenkraut, Milchstöckel, Hundzahnkraut, Laternenblume, Brummehuppen, Hupeblume, Milchling, Hundeblume, Pißkraut, Pfaffenröhrlein, Mönchskopf, Pumperblümchen, Teufelsblume, Melkdistel, Bittpisser, Gänsezunge, Milidistel, Bammbusch, Golichter, Apostelkraut, Augenmilch, Leuchtenkraut, Marienschöpfl, Milchblume, Papenkraut, Pampelkraut, Milchgrasblume, Saurnelken, Bitterblume, Kettenröhrlein, Düwelsblom, Eierbusch, Feldblume, Knabenblume, Maienzahn, Mönchsblume, Popenblume, Saubleaml, Sommerdornkraut, Saichbluml.

Löwenzahn oder der Sonnenwirbel
(21.3. - 20.4.)

"Unkraut vergeht nicht" heißt es im Volksmund, und das kann man vom Löwenzahn auch wahrlich behaupten.
Als ausgesprochener Tatmensch, der zuerst handelt und erst viel später nachdenkt, kommt der Löwenzahn oft in Situationen, in denen ihn nur noch diese Unverwüstlichkeit retten zu können scheint.
Die leutendgelbe strahlende Blüte des Löwenzahns mit ihrem kräftigen Stengel charakterisiert die Tatkraft und Lebensfreude dieses Menschen. Der Löwenzahn ist ein ausgesprochener Optimist, und das zu Recht. Hat er sich denn etwa nicht aus jeder Situation wieder energisch aufgerappelt?
Mit seiner impulsiven, etwas aggressiven Art stößt er andere Menschen, die empfindlichere Gemüter haben, öfters vor den Kopf. Nicht jeder ist so angriffslustig wie ein Löwenzahn, der keine Konfrontation scheut und manchmal den Streit richtig zu suchen scheint.
Deshalb haben diese Menschen nicht nur Freunde. Da sie sich aber mit einer rasenden Geschwindigkeit durchs Leben bewegen, immer wieder irgendwelche Projekte liegenlassen, um neuen Eindrücken und Ideen zu folgen, lassen sie Kritik weit hinter sich.
Der Löwenzahn ist sehr begeisterungsfähig, plant aber nicht gerne, er handelt lieber erst einmal, sollen die anderen ruhig diskutieren, wohin man den Schrank stellen soll, er hat die Wohnung schon komplett eingerichtet, während die Diskussion noch läuft - es sei denn, und das kommt recht häufig vor, daß sein Interesse auf etwas Neues gelenkt wurde, und schon stürmt er von dannen.
Doch kann man ihm keine Verantwortungslosigkeit vorwerfen, da er die Fähigkeit besitzt, eine gewisse Voraussicht zu entwickeln und bereit ist, sich damit auseinanderzusetzen. Er leitet Dinge in die Wege, wobei er die Ausführung oft anderen überläßt.
Wie der Löwenzahn zur Pusteblume wird und seine

Samen in alle Winde verstreut, so kann dieser Mensch seine Energien verstreuen, und er sollte darauf achten, daß er ein wenig gezielter arbeitet.
Diese mutigen warmherzigen Menschen erobern andere Menschen im leidenschaftlichen Sturm. Doch obwohl sie immer die Führung übernehmen wollen, langweilt den schwungvollen, unternehmungslustigen Löwenzahn nichts mehr, als Mitmenschen, die sich ergeben führen lassen. Dann erwacht seine Ruhelosigkeit, und der Sonnenwirbel ist zu neuen Taten aufgebrochen und einfach davongewirbelt.

"Der ist ein männlich zeichen / Cholerisch / heiß vnd drucken / fast grob / vnd zusamenziehend / hat an dem mensche nur den kopff / sampt dasselbe zughörung innen / als leffzen/Nasen / naßlöcher / augen / stirn / haar vnd Bart / hauptblat vnd dergleichen / Seine kreutter vnd derselben angehörige theil / sind auch nur zu den kopffkranckheiten / vnd derselben angehörung dienstlich / als zudem Kopffweh / kopffgeschwer / vnsinnigkeit / vnsauberkeit / grind / abgefallnen hauptblat / Schwindel / Frantzosen geschwer / flecken vnder dem gesicht / Nasenfeulung / haaraußfallen / etc."

Die Blume des Frühlings
Der Löwenzahn hat vielleicht nicht so eine wohlklingende und "blumige" Vergangenheit wie andere Heilkräuter. Dafür ist er neben der Brennessel sicher das berühmteste "Unkraut". Er symbolisiert das ungestüme Temperament des Frühlings. Kraftvoll, derb und unverwüstlich bilden seine goldgelben Blüten wahre Sonnenteppiche auf den Wiesen und Weiden. Die eingesägten Blätter führen zum Namen "Löwenzahn". So heißt er auch in anderen Ländern: in Italien "dente di leone", Frankreich "dent de lion" oder Norwegen "lövetann". In Bayern wird er wegen des weißen Milchsaftes im Stengel auch "Milchstöck", "Milchblume" oder "Milidistel" genannt. Über 500 Namen hat der Volksmund für den Löwenzahn erfunden.

Der Sonnenwirbel
Der Löwenzahn gehört zur Pflanzenfamilie der Korbblütler und wächst auf Wiesen, Weiden, an Straßen- und Feldrändern. Er bevorzugt lockeren humosen Boden. Die Pfahlwurzel reicht tief in den Boden. Aus ihr heraus bildet sich eine bodenständige Blätterrosette. Auf dem glatten kräftigen Stangel sitzen die goldgelben Korbblüten, im Schwäbischen "Sonnenwirbel" genannt. Nach der Blüte wird der Löwenzahn zur "Pusteblume": die Samen wehen mit ihren fallschirmartigen Härchen davon. Der leere Fruchtboden erinnert nun an die Haartracht der Mönche, deshalb auch die Bezeichnung "Mönchskopf", "Pfaffenröhrle", "Mönchssplatte" oder "Pfaffenkraut".
Die Blätter des Löwenzahns werden jung geerntet, später sind sie zu bitter. Die Wurzel hat im Herbst den höchsten Wirkstoffgehalt.

"Bettsaicher", "Augen- und Leberwurtz"
Alle Teile des Löwenzahns sind zu Ernährungs- und Heilzwecken zu gebrauchen. Aus den Blüten kann Löwenzahnwein und -honig hergestellt werden. Stengel und Blätter ergeben Salat oder Tee. Und aus den Wurzeln wird Kaffee gemacht oder ein Gemüse (siehe Rezepte).

Der Löwenzahn ist eine blutreinigende, stark entwässernde und verdauungsfördernde Pflanze. Er ist das Heilkraut für den gesamten Stoffwechsel mit hervorragender Wirkung auf Leber, Galle, Nieren, Bauchspeicheldrüse, Rheuma, Gicht und Haut. "Er (der Löwenzahnsaft) ist der Gesundheit sehr zuträglich. Wenn man ihn in der Frühe nimmt, fängt er schon im Halse an zu wirken und kommt bald ins Blut. Für Leberleidende ist er sehr zu empfehlen ..." schrieb Pfarrer Kneipp. Durch die Regulierung des Wasserhaushaltes bekam der Löwenzahn auch den Beinamen "Bettsaicher" (in Frankreich "pissenlit" = piß ins Bett!).
Der Name "Augenwurtz" deutet auf seine Verwendung für Augenbäder hin. Auch Kopfschmerzen, die durch Vergiftungen im Bindegewebe entstehen, können mit dem Löwenzahn behandelt werden.

REZEPTE

Löwenzahnsalat:
junge frische Blätter werden als Salat angerichtet (z.B. als Frühlingssalat mit anderen Kräutern wie Bärlauch, Wegerich, Beinwell, Brennessel usw.). Es gibt auch Rezepte, wo zur Verfeinerung des Salats gebratene Speckstückchen oder geröstete Weißbrot-Würfel dazugegeben werden.
In Japan wird die Wurzel (im Frühjahr oder im Herbst) als Gemüse verwandt. Die gebürsteten Wurzeln werden kleingeschnitten und in Öl geschmort. Dann wird etwas Wasser und Salz hinzugefügt. Die Pfanne wird abgedeckt. Wenn die Wurzelstückchen weich sind, kommt ein Schuß Sojasauce darüber.
Zur Frühjahrskur wird auch der frisch gepreßte Saft genutzt.
Anwendung: 4 - 6 Wochen 3mal täglich vor den Mahlzeiten 1 Eßlöffel Saft, der mit der 6fachen Menge Flüssigkeit verdünnt wird.

Löwenzahntee:
Aus 2 - 3 Teelöffeln aus Blättern und Wurzel auf 1/4 Liter kaltes Wasser. Zum Sieden erhitzen, 10 Minuten ziehen lassen. Schluckweise trinken. 2 Tassen täglich als stoffwechselförderndes, harntreibendes Mittel.

Augenwasser:
1 Löwenzahnpflanze (Wurzel zerkleinert) in 1 Liter Wasser lauwarm ansetzen, 24 Stunden ziehen lassen, abseihen. Leicht anwärmen.
Anwendung: Augenbäder und -waschungen bei Lidentzündungen, "roten Augen".

Löwenzahnwein:
Auf 1 Liter Wein (Riesling) kommen eine Handvoll Blüten und zwei Pfefferminzblätter. Eine Woche ziehen lassen.
Anwendung: Regt die Gallensekretion und Nierentätigkeit an.

Löwenzahnkaffee:
Im Herbst werden Löwenzahnwurzeln ausgegraben und mit der Bürste gereinigt, dann zerkleinert und auf ein Backblech ausgebreitet. Das Blech in den auf 200 Grand vorgeheizten Ofen schieben und rösten, bis die Wurzelstückchen gebräunt sind. Dann in die Kaffeemühle geben und mahlen. 4 Eßlöffel auf eine Kanne. Fördert den Stoffwechsel. Als Kaffee-Ersatz.

"Die weiber pflegen sich auch under augen mit disem wasser zu weschen / verhoffen dardurch ein lautter angesicht zu erlangen / und die rote purpur oder bläterlin (Sommersprossen) darmit zu vertreiben."

Kreutterbuch 1551

"Etliche bilden ihnen ein, wann man mit dem Safft ermelten (erwähnten) Krautes bestreiche, dass man bey grossen Herrn und Fürsten angenehm darurch werde und auch erhalten könne, was man begehre. Allein seyn Solches Fabeln."

Medizin-chymische Apotheke 1685

"Ernten Sie im Juli und August die Wurzeln des Löwenzahns, um daraus ihren Kaffee zuzubereiten. Im Gegensatz zum üblichen Kaffee putscht dieser nicht auf. Er enthält ein Herzstärkungsmittel und bringt Ihrem Körper zusätzliche Nährstoffe, die im Kaffee, den Sie gewöhnlich trinken, nicht vorhanden sind. Sogar die kleinen Kinder können ihn trinken. Außerdem regt er die Verdauung an"

Die geheime Heilkunst der Zigeuner, 1981

"Der Milchsaft des Löwenzahns soll auch gegen Warzen helfen. Überliefert ist dazu ein Ritual: am 3. Tag im abnehmenden Mond muß der Stengel gesammelt und sofort die Warze mit dem Saft bestrichen werden. Also wie der Mond abnimmt, sollen auch die Warzen abnehmen!"

Kräutermappe, 1981

"Der Löwenzahn möchte auch wolaugenwurtzel heißen / ursach wann dise wurtzel im Sommer / so die Sonn in Virginem geht gegraben würt / das ist umb Bartholomei (24. August) / und dann einem menschen oder anderm vihe die flecken in augen haben / an den halß gehenckt würt / verschwinden die flecken wunderbarlich / darzu ist auch dienstlich das gebrant wasser / welches mir vil lent bewert haben."

Kreutterbuch 1551

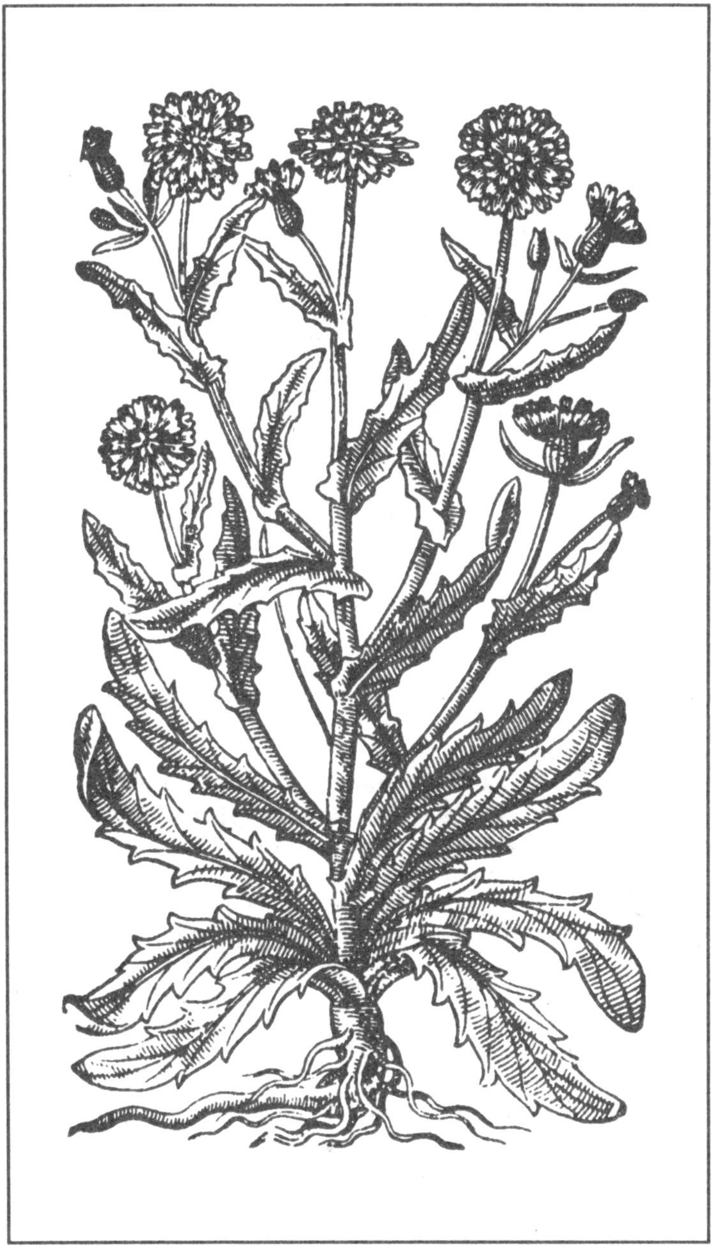

Die Sage vom Saichblueml

Dieß ist eins der kleinern Arten vom Löwenzahn (Leontodon taraxacum), wächst an Wegen, Waiden und Wiesen allenthalben, gibt Zeugniß von einem der größten Geheimnisse der heiligen christlichen Religion. Da Maria vom heiligen Geist empfangen, ihre Base Elisabeth heimsuchen ging, begegnete sie ihr selber an der Schwelle ihres Hauses. Während die heilige Jungfrau ihrer Base nun frohlockend die freudenreiche Empfängnis mittheilte, fiel auf ein zu ihren Füßen sprossendes Saichblueml, als wahrhaftiges Zeugniß, daß sie eine unbefleckte Jungfrau, einige Tropfen Blut ihrer Reinigung. Das zum ewigen Gedächtniß blieb dem Saichblueml auf alle Zeiten zu seinen grünen Blättern ein blutrothes Blatt.

Sage aus Oberbayern

RINGELBLUME

21.4. - 20.5.

Ringelblume: Wucherblume, Ringelnelken, Fallblumen, Warzenblumen, Weckbrösel, Totenblumen, Gugelkopf, Hühnernelken, Gartenbutterblumen, Kohlblumen, Rinderblumen, Sonnenwendelblumen, Göhl, Ringelrose, Regenblume, Monatsblume, Wegröslein, Ringelkraut.

Ringelblume oder die Safranrose
(21.4. - 20.5.)

Die Ringelblume ist fest im Erdreich verwurzelt. Sie scheint unverwüstlich und ist mit ihren schön übereinander geordneten grünen Blättern äußert anmutig anzusehen.
Auch die menschliche Ringelblume wirkt auf andere oft unverwüstlich und ist nicht so schnell unterzukriegen. Sie besitzt einen starken, beharrlichen Charakter, eine heitere Lebenseinstellung und verfolgt ein einmal gesetztes Ziel mit zähem Einsatz. Sie steht mit beiden Beinen fest auf der Erde, dennoch benötigt sie ein gewisses Quantum an Sicherheit, um sich entfalten zu können und frei zu fühlen. Diese Sicherheit besteht aus einem soliden Fundament sowohl in materieller als auch emotionaler Hinsicht, welches sie mit Geduld und Kraft aufbaut. Wenn diese Pflanze einmal Vertrauen gefaßt hat, wird sie sich öffnen und ihre ganze Warmherzigkeit und ihrem Charme entfalten und ihren Mitmenschen das Paradies auf Erden bereiten.
Als ausgesprochen sinnlicher Genußmensch weiß sie, wie sie sich und andere verwöhnen kann und wird von allem (wenn schon denn schon) nur das Beste besorgen. Dennoch kann man die Ringelblume nicht als verschwenderisch bezeichnen. Sie ist in materiellen Dingen äußert praktisch veranlagt und weiß mit Geld sicher umzugehen. Da die Ringelblume außerdem ein wahrer Meister in der Kunst der Selbstbeherrschung ist, kann sie auch ihren stark ausgeprägten Hang zum Luxus zähmen und aus einfachen Mitteln sehr viel machen.
Ihr Sinn für das Schöne in jeder Gestalt und der sichere Instinkt für Zusammenpassendes machen sie zum Künstler in jeder Hinsicht.
Die Ringelblume ist trotz ihrer manchmal nüchternen Art sehr gefühlsbetont und kann sich auf ihr Gefühl verlassen. Sie durchschaut Täuschungen und eitlen Schein und tut dies auch kund. Lügen kann sie nicht ausstehen, und wenn jemand versucht, ihr etwas vorzu-

flunkern, wird er das ganze Ausmaß ihres Temperamentes kennenlernen. Die Ringelblume weiß, was sie will und läßt sich davon nicht abbringen, manchmal kommt sie allerdings in Situationen, in denen sie durch ihren Eigensinn etwas starr und unbeweglich werden kann.

Wenn sie einmal Zuneigung zu jemand gefaßt hat, wird sie treu und verläßlich zu ihm stehen, auch wenn der andere es vielleicht gar nicht verdient. Sie verlangt viel, gibt aber auch ebensoviel. Vorsicht ist geboten, wenn man die Ringelblume verletzt hat, sie kann ausgesprochen rachsüchtig sein und weiß, wie man andere treffen kann. In einer stürmischen Szene wird sich alles entladen, und besonders wenn sie eifersüchtig ist, verläßt sie ihre Vernunft, und der brodelnde Vulkan ihrer Gefühle explodiert.

"Die ist ein weibisch zeichen / bestendig / irdisch / kalt^ind trucken / Halt am Menschen innen den halß / Derwegea taugendt die Kreutter / so dem Zeichen zugethan / allein zu den Kranckheiten des halß am aller meysten / als zu den halßgechweren / verserung / pestilentz / halßgeschwulsten / Frantzosen halßbreune / Hertzbrenne / Mundfeul / zu dem schlung / abgefallen und faulenden Äppfel / mandel / weethünde zänen / schwirige zanfleisch / und dergleichen / welches den kranckheiten des hals zugehört / die man auch mit den Kreuttern die dem weibisch zeichen zugethan sind / heilen mag / und ist an dem sehr viel gelegen / das man wisse / mit was gewächs ein jegliche kranckheit geheilt soll werden / Dann man findt der leut / Balbirer / Apoteker / Bade von Doctorn gar wenig / die solche jetzt erzelte vonderscheid wissen zubrauchen / oder ein Kraut von dem anderen erkannen / welchem Zeichen / und welchem glid am menschlichem Leib dasselbig zugehörig sey / Derhalb ist hierinn wol auffzusehen / damit man eins fürs ander gebrauche / un die krancken auff die metzig banck gebe."

Die "Niewelkblume"

Seit vielen Jahrhunderten säumt die Ringelblume Bauerngärten. Ursprünglich wohl aus Ägypten stammend, zählte sie Albertus Magnus - wie auch Gänseblümchen, Kamille, Löwenzahn und Wegwarte - zu den "Sonnenbräuten". Sonnenhungrig drehen sie sich ihr entgegen und symbolisieren mit ihren Blüten die Sonnenscheibe. Die Ringelblume wird auch "Niewelkblume" genannt, weil sie immer neue Blüten - bis spät in den Herbst hinein - produziert.

Früher wurde die Ringelblume in der Küche als Farbstoff und Gewürz für Reis-, Fleisch- und Fischgerichte verwandt. Sie galt als Ersatz für den teuren Safran, deshalb auch der poetische Name "Safranrose".

Sie wuchert und zeigt den Regen an...

Der Name "Ringelblume" kommt wahrscheinlich von den seltsam geringelten Samen der Pflanze. Sie ist fest in der Erde verwurzelt, wird ca. 30 - 50 cm hoch und entwickelt saftige fleischige Blätter. Der Stengel ist verästelt und leicht behaart. Die prächtigen Blüten sind gelb bis orangefarbig und öffnen sich bei Sonnenschein. Sie gilt als Regenanzeiger:" Die Ringelblume hat etwas Gescheites. Wenn sie morgens nach sieben Uhr geschlossen ist, dann regnet's gewiß noch an diesem Tag; geht sie aber zwischen sechs und sieben auf, dann regnet es sicher nicht". (Seb. Kneipp)

Ihr üppiges Wachstum und Blütenreichtum haben ihr auch den Beinamen "Wucherblume" eingebracht. Die Blüten können von Juni bis in den November hinein geerntet werden; sie werden am besten frühmorgens bei Sonnenschein gepflückt.

Von der Ringelrosenbutter
Die Ringelblume wird innerlich und äußerlich angewendet. Wie die Arnika ist sie ein vorzügliches Wundmittel. Während die Arnika eine geschützte Pflanze ist, wächst die Ringelblume nach Bedarf im Garten, zudem ihr Anwendungsbereich größer ist. Kneipp schwärmte von ihr: "Eine Heilpflanze ersten Ranges für die Geschwüre, namentlich für die arg giftigen, ist die Ringelblume. Sie ist nicht nur eine heilende, sondern auch eine ätzende Pflanze, welche die giftigen Geschwüre angreift, das Fleisch von den giftigen Stoffen reinigt und dieselben ausleitet."
Ihre gewebsreinigenden und antibakteriellen Eigenschaften verhindern Entzündung und Eiterung bei offenen Wunden. Die Salbe und Tinktur wird zu Umschlägen und Einreibungen bei Quetschungen, Zerrungen, Verrenkungen und Prellungen verwandt. Auch Brandwunden, Ekzeme, Milchschorf, Wundliegen, Sonnenbrand und Frostschäden können mit Ringelblumenpräparaten behandelt werden. Ringelblumensalbe sorgt für eine schnelle und gute Wundheilung und Vernarbung. In Schlesien hieß diese Salbe "Ringelrosenbutter" (siehe Rezepte).
Innerlich wirkt Ringelblumentee anregend auf die Blutzirkulation, auf Galle und Leber, bei Verdauungsstörungen und auch bei Magengeschwüren. Der Arzt J. Becher erwähnt in seinem "Medizinischen Parnaß" (17. Jahrhundert) die gute Heilwirkung der Ringelblume auf die Leber, was von Albertus Magnus bestätigt wird.
In einigen Kräuterbüchern wird auch die stabilisierende Wirkung der Heilpflanze erwähnt. So wirke sie psychisch ausgleichend, besonders auf Menschen, die oft "ihre Reaktionen nicht im Zaume" halten können.

REZEPTE:

Die schlesische Ringelrosenbutter:
1 Pfund Ziegenbutter wird erhitzt und ca. 100 g frische Ringelblumen-Blütenblätter (es werden die äußeren Blütenblätter abgezupft, sie sind am wirkungsvollsten)

hinzugegeben. Unter ständigem Rühren ca. 20 Minuten die Hitze halten (nicht aufkochen), dann durch ein Tuch seihen, abfüllen und kühl aufbewahren.
Anwendung: altes Heilmittel, das man auf den "verdorbenen Magen" aufschmierte.

Ringelblumenöl:
Ein Glas wird mit frischen Ringelblumenblättern gefüllt und diese mit kaltgepreßtem Oliven- oder Sonnenblumenöl übergossen. 3 Wochen an einem sonnigen Platz (Fensterbank) ziehen lassen. Dann abseihen.
Anwendung: Einreibungen. Dieses Öl kann auch mit Rosmarin-, Walnuß- und Lavendelöl - die ebenso hergestellt werden- vermischt werden und ist so ein hervorragendes Körper- und Massageöl. Das Öl kann auch zur Herstellung der Salbe benutzt werden.

Ringelblumensalbe:
Urprünglich wurde diese Salbe auf der Grundlage von Schweinefett hergestellt. Das ist aber heute nur noch zu empfehlen, wenn das Fett von biologisch ernährten Schweinen zur Verfügung steht.
Zwei Doppelhände Ringelblumen (Blüten, Stengel, Blätter) werden kleingeschnitten. 1 Pfund Schweinefett wird ausgelassen und die Ringelblumen hinzugegeben, kurz erhitzen und umrühren, dann von der Platte nehmen und einen Tag stehen lassen (abdecken). Am nächsten Tag kurz erhitzen, durch ein Tuch drücken und in Gefäße abfüllen. Kalt stellen.
Alternative: Ca. 250 g Ringelblumenöl wird in 200 g erhitztes Lanolin eingerührt. Eine Handvoll gezupfte Randblüten dazugeben. Eine Viertelstunde weiter erhitzen (nicht kochen lassen), dann durch ein Tuch filtern. Nochmal erhitzen, 50 g reines Bienenwachs (vorher schmelzen) hinzugeben. 50 g Ringelblumentinktur auch noch unterrühren und abfüllen.
Anwendung: Für alle angeführten außerlichen Zwecke.

Ringelblumentinktur:
Ein Glas wird mit frischen Blüten bis zum Rand gefüllt und mit Korn (40 %) übergossen. Verschließen und 3

Wochen warm stehen lassen. Abseihen und abfüllen.
Anwendung: Behandlung von offenen Wunden, Spnlungen bei Zahnfleischentzündungen. Bei Umschlägen wird ein Teelöffel Tinktur auf einen Viertel Liter abgekochtes Wasser gegeben.

Ringelblumentee:
12 Teelöffel gezupfter Randblüten wird mit 1 Tasse kochendem Wasser übergossen. Ziehen lassen. 3mal täglich eine Tasse.
Anwendung:
Alle innerlich genannten Beschwerden, auch bei Lymphschwellung und zur Unterstützung der Menstruation.

"Der Geruch der Ringelblume (Calendula officin) war ihr äußerst angenehm. Sie sagte: sie fühle diesen Geruch von ihrem Wagen aus stärkend auch für den Kopf. Wenn sie lange an ihr rieche, so fühle sie ein angenehmes Bewegen im Gehirne. Sie gebrauchte durch ihre ganze Krankheit diese Blumen gegen Kopfschmerz; und verlor sie durch Krampf der Sprache, so wurde ihr dieselbe wieder gegeben, sobald sie den Dampf eines Aufgusses dieser Blumen mit Wasser in den Mund gehen ließ".

Justinus Kerner: Die Seherin von Prevorst 1829

Der Leber / Hertzen auch / steht bey die Ringelblum / Sie treibt den Schweiß und Gifft / behält darin den Ruhm / Sie fördert die Geburt / und treibt der Frauen Zeit / Ein Wasser / Essig und Conserv wird drauß bereit. "

Medizinscher Parnaß 1662

"Die Ringelblume ist kalt und feucht, und sie hat starke Grünkraft in sich, und sie ist gut gegen Gift. Denn wer Gift ißt, oder wem es verabreicht wurde, der koche Ringelblume in Wasser, und nach Ausdrücken des Wassers lege er sie so warm auf seinen Magen und sie erweicht das Gift, und es wird von ihm ausgeschieden. Aber dieser Mensch wärme alsbald guten Wein, und er lege genug Ringelblume hinein, und damit wärme er wiederum den Wein, und weil er Gift genommen hat, trinke er so jenen

halbwarmen Wein, und er schneuzt das Gift entweder aus der Nase aus, oder er wirft es durch den Schaum, das heißt, 'schum', von sich aus.
Und ein Mensch, dem der Kopf 'fellig'ist, der schneide das ab, was weich am Speck ist, und er schneide auch die Schwarte jenes Specks ab, er werfe das weg, was neben der Schwarte im Speck ist, und er nehme das Harte, und er zerstoße das mit Ringelblume im Mörser, und damit salbe er oft seinen Kopf, und die 'vellen' fallen ab, und sein Kopf wird schön werden. Und wer den Grind am Kopf hat, der nehme Blüten und Blätter der Ringelblume und drücke den Saft davon aus, und dann bereite er mit diesem Saft und etwas Wasser und mit Semmelmehl, oder mit Roggenmehl einen Teig, und dann lasse er damit seinen ganzen Kopf mit Tuch und Mütze verbunden. Bis er sich erwärmt und bis der Teig zerrissen wird, das heißt 'schrinde', und dann nehme er ihn weg. Und dann bereite er wiedrum Teig auf gleiche Weise, und er lege ihn um seinen Kopf, und so tue er während neun Tagen. Und so oft er den Teig von seinem Kopf wegnimmt, so oft habe er eine Lauge aus Ringelblumensaft bereit, und er wasche seinen Kopf ebenso oft damit, und er wird geheilt werden."

Hildegard von Bingen (1098 - 1179)

Ein altes Volkslied erzählt von der Ringelblume als "Niewelkblume", die in die Fußspuren des Liebsten gepflanzt, die Liebe nie zum Welken bringt:

"Abends ging ich durch die Pfirsichgasse,
unter Pfirsichbäumen stand mein Liebchen;
Ich erbat von ihr mir einen Pfirsich.
Leise macht das Liebchen mir den Vorwurf:
Deine Mutter hat mich scharf getadelt,
daß ich junges Blut dich hätt verzaubert;
Nein, ich tat's nicht. Gott kann mir's bezeugen,
Nur die Spur hab ich dir aufgegriffen,
Hab auf ihr gepflanzt die Niewelkblume,
Welk nicht, Liebster, wirst du mich auch haben."

HUFLATTICH

21.5. - 21.6.

Huflattich: Brandlattich, Haferlattich, Quittenlattich, Roßlattich, Eselsfuß, Erdkronenblätter, Hustenblätter, Hitzblätter, Klammausblätter, Lehrblätter, Pulserblätter, Labatschen, Bachblümlein, Berglatschen, Brandlattich, Brustlattich, Hoflörrich, Hufblatt, Labassen, Ladderblätter, Lehrblümel, Märzblume, Ohmblätter, Roßhub, Sandblümel, Tabakkraut, Teebleaml, Zeitrösele, Hufblotschen, Hufblüten, Huffelen, Hüffkesblad, Fahlenföt (niederdt. = Fohlenfuß), Butterblätter, Roßhuebe, Doktorblümeli, Bullerblad.

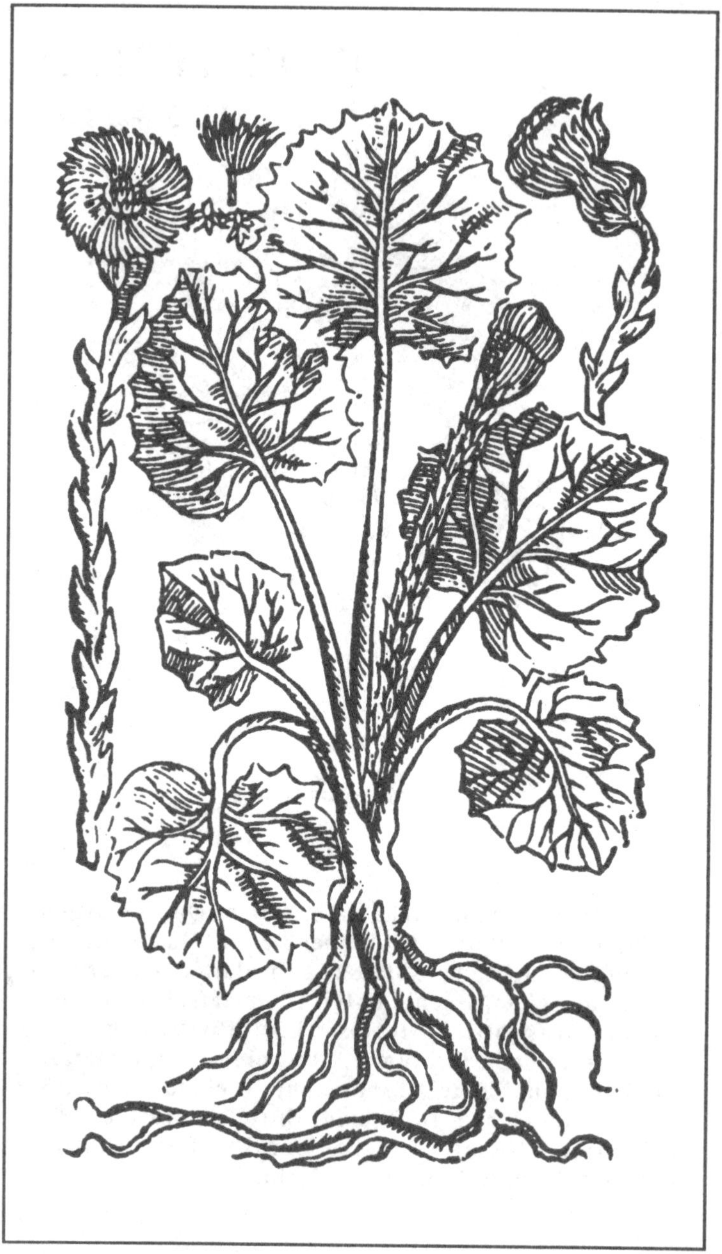

Huflattich oder das Gold der Lunge
(21.5. - 21.6.)

Der Huflattich ist eine gesellige Pflanze und wächst nicht vereinzelt. Der Umgang mit anderen Menschen ist für diesen aufgeweckten, fröhlichen Menschen das Lebenselixier. Er ist ruhelos und sucht ständig neue Anregungen, um seinen lebhaften Verstand zu befriedigen und neue Eindrücke zu sammeln.

Der Huflattich ist sehr sensibel und häufig starken Stimmungsschwankungen unterworfen. Da er sich innerlich zerrissen fühlt, kann er auch wirklich von einer Minute zur anderen sehr glücklich und plötzlich sehr traurig sein.

Es fällt ihm schwer, seine Freiheitsliebe und sein Anlehnungsbedürfnis miteinander zu vereinbaren. Der Huflattich ist oft unentschlossen und schwankend. Durch seine Rastlosigkeit fehlt ihm manchmal die Fähigkeit zur Konzentration, sein flinker Geist läuft ihm dann einfach davon. Der Huflattich ist vorwiegend vom Verstand geprägt, er philosophiert gern und viel, aber wenn es darum geht, Ideen in die Tat umzusetzen, braucht er oft andere Menschen, die dies für ihn tun.

Er neigt dazu, sich vor Komplikationen zu verschließen, was er nicht sehen will, existiert nicht, das läßt ihn mitunter fast kindlich-naiv erscheinen.

So wie die Pflanze erst blüht und dann die Blätter treibt, dauert es beim Huflattich länger als bei anderen, bis er eine gewisse Festigkeit erreicht, dennoch sind die Höhen und Tiefen des Lebens für den Huflattich eine Notwendigkeit, um sein Bedürfnis nach Abwechslung zu kompensieren.

"Der ist manlich / bestendig / edel / haben am Menschen innen / Derwegen sind diese Kreutter fast gut zu den kranckheiten der lung / Diß zeichen gibt schöne Kreutter / ein fast zarte und liebliche wurtz / lang in der erd / aber nit sonders dick /ist rund und glat / mit kleinen adelichen zäserlein die fast wol riechen. Die wurz ist in sonderheit sehr nutz /so man darab trinkt. Diß kraut wachst ziemlich lang von der erd / gibt schöne lange stengel / sind rund und glat / mit knöpffecht / auch nit feißt / subtil / gebe einen fast guten un lieblichen geschmack / etwas zusamen zeihende."

Brustlattich

Bei Dioskurides und Plinius wurde der Huflattich als Hustenmittel empfohlen. Angezündete oder auf glühende Zypressenkohle gelegte Blätter ergaben den heilsamen Rauch, der durch einen Trichter inhaliert wurde.
Auch der lateinische Name "Tussilago farfara" kommt von diesen Heilkräften; "tussis" = Husten und "agere" heißt vertreiben. "Farbara" leitet sich von "far" = mehr und "ferre" = tragen ab und bezieht sich auf die weiße Behaarung der Blätter.
In Frankreich wird der Huflattich als traditionelles Zeichen der Apotheken geführt.

Die Pflanze des Lichtes

Schon zeitig im Frühjahr entfaltet der Huflattich seine leuchtend gelben Blüten. Er ist eine Anzeigerpflanze für tonigen, lehmigen und kalkhaltigen Boden. Als bündele er die ersten Sonnenstrahlen des Jahres, so drängen sich die Huflattichblüten dicht an dicht. Das gesellige Auftreten der Pflanze erklärt sich aus ihrem weitverzweigten kriechenden Wurzelsystem. Der Blütenstengel ist schuppig und behaart. Erst viel später im Mai entwickeln sich die Blätter des Huflattichs. Diese Eigenart - erst zu blühen und dann die Blätter nachwachsen zu lassen - brachte ihm im Mittelalter auch die Bezeichnung "Filius ante parem" ("Der Sohn vor dem Vater") ein.
Nach dem Verblühen bildet sich - ähnlich dem Löwenzahn - eine Krone von weißlichen Haaren, die ebenfalls wie Fallschirme die Samen forttragen.
Der deutsche Name "Huflattich" bezieht sich auf die hufeisenförmigen Blätter. Die Blütenköpfe werden frühzeitig - also vor dem Aufblühen - geerntet, die Blätter im Mai/Juni.

Das Gold der Lunge

Der Huflattich gehört zu den sogenannten Schleimdrogen, d.h. sie schützen die entzündeten Schleimhäute, weil sie eine dünne Schicht über sie legen und so die Schmerzen lindern, Reize vermeiden und die Entzün-

dung zum Abklingen bringen. Die enthaltenen Gerbstoffe und Mineralien wirken außerdem für die Schleimhäute stärkend.
Bei chronischer Bronchitis und Asthma können die getrockneten und zerkleinerten Blätter geraucht werden. So fördern sie den Auswurf, wirken schleimlösend und befreien von Atemnot.
Frisch gequetschte Huflattichblätter heilen entzündete Wunden und Geschwüre. Bei Kopfschmerzen werden frische Blätter mit der filzigen Unterseite auf die Stirn aufgelegt. Frischer Preßsaft hilft, ins Ohr geträufelt, bei Ohrenschmerzen.

REZEPTE:

Huflattich-Tee:
2 Teelöffel Blätter mit 1/4 Liter kochendem Wasser 5 Minuten ziehen lassen. 2 - 4 Tassen täglich, mit Honig süßen.
Anwendung: alle Erkrankungen der Atemwege.
Huflattich kann gut mit anderen Kräutern gemischt werden.
Ein weiterer Hustentee:
gleiche Teile Eibisch, Huflattich, Königskerze und Anis. Zubereitung: 1/4 Liter kochendes Wasser auf 1 Eßlöffel der Mischung, 15 Minuten ziehen lassen und mit Honig süßen.

Huflattich-Sirup:
Huflattichblätter und Rohzucker werden abwechselnd in ein Einmachglas o.ä. gedrückt, gut verschlossen und im Garten an einer geschützten Stelle in die Erde vergraben. Die gleichmäßige Wärme läßt das Ganze gären. Nach 8 Wochen das Glas wieder herausholen, die Blätter auspressen und den so gewonnenen Sirup aufkochen.
Anwendung: Guter Grippeschutz im Winter. Wird gern von Kindern gegessen.

Huflattich-Tabak:
Getrocknete Blätter zerbröseln und in der Pfeife rauchen oder zu Zigaretten drehen. Feinschmecker tauchen die frischen Blätter vor dem schnellen Trocknen in der Sonne in Honigwasser oder Weinbrand ein.

Huflattich-Tinktur:
Eine Handvoll Blüten wird in 1 Liter Branntwein angesetzt. 6 Wochen in der Wärme stehen lassen, abseihen. Einnahme, je nach Stärke der Beschwerden: 3 - 5 mal täglich 8 - 10 Tropfen auf ein Stück Würfelzucker.
Anwendung: Schleimlösend.

Gegen Husten. Das Kraut, das gallisch calliomarcus, lateinisch eyui ungula (Pferdehuf) heißt, soll bei abnehmendem Monde zur Ebbezeit an einem Donnerstage gesammelt und in einen neuen, mit glühenden Kohlen gefüllten Topf gebracht werden. Diese werden oben mit Asche bedeckt und mit einem Rohr wird dann der Rauch in den Mund eingesogen, "donec arteria omnia et stomachum penetret" (bis er alle Blutgefäße und den Magen durchdringt).

Marcellus Emspiricus (5. Jh. v. Chr.)

Matthiolus macht in seinem Kräuterbuch folgende Randbemerkung zu dem Kraut: "... (s.o.) Aber unser Tabakpfeiffen seyend bequemer darzu!" was er aber aus dem Kräuterbuch des D. Joachimus Becher weiß, "daß lang vor dem Gebrauch des Rauchtabacks die Alten die gedörrten Huflattichblätter in Pfeiffen wie Tabak geraucht, denn der Rauch dieser Blätter über alle maßen gut zu der Lung und Brust ist."

Pierandrea Matthiolus 1626

"Dioscorides sagt wann die bletter von disem kraut gedörrt werden und angezündt / un der rauch davon in halß empfangen / soll dardurch der dürre Husten vnd die engbrüstigkeit gewendet werden."

Hieronymus Bock 1577

"Diß Kraut wird für ein gut Brust - und Lungenkraut gehalten / weilen es in truckenem Husten und Engbrüstigkeit sehr behülflich. Dessen grüne Blätter und Wurtzen sind mehr temperiert / die gedörrten aber etwas schärfferer und wärmerer Natur."

Jacobus Theodorus Tabernaemontanus 1731

Das Märchen vom Huflattich

Es war einmal ein schönes Mädchen. Viele Freier bewarben sich um ihre Hand, so auch ein Adeliger, der all sein Vermögen verspielt und verpraßt hatte und auf eine gute Mitgift spekulierte.
Aber sie heiratete einen anderen, obwohl sie noch sehr jung war. Deshalb blüht der Huflattich so früh. Der adelige abgewiesene Bewerber war so sauer, daß er auf seinem Pferd angeritten kam und die Felder der frisch Vermählten zertrampelte. Als Erinnerung an diese Untat hat der Huflattich roßhufförmige Blätter.
Das schöne Mädchen ärgerte sich aber so sehr über die zertretenen Felder, daß sie davon graue Haare bekam. Das sind die Federkronen des Huflattichs, nachdem die Blüten verwelkt sind.

KAMILLE

22.6. - 22.7.

Kamille: Echte Kamille, Feldkamille, Kindbettblumen, Stomeienblumen, Hermännle, Helmchen, Lungenblumen, Ramerian, Remey, Mägdeblumen, Apfelkraut, Kamellen, Gramille, Hälmerchen, Kühmelle, Kammerblume, Laugenblume, Hermel(in), Mutterkraut.

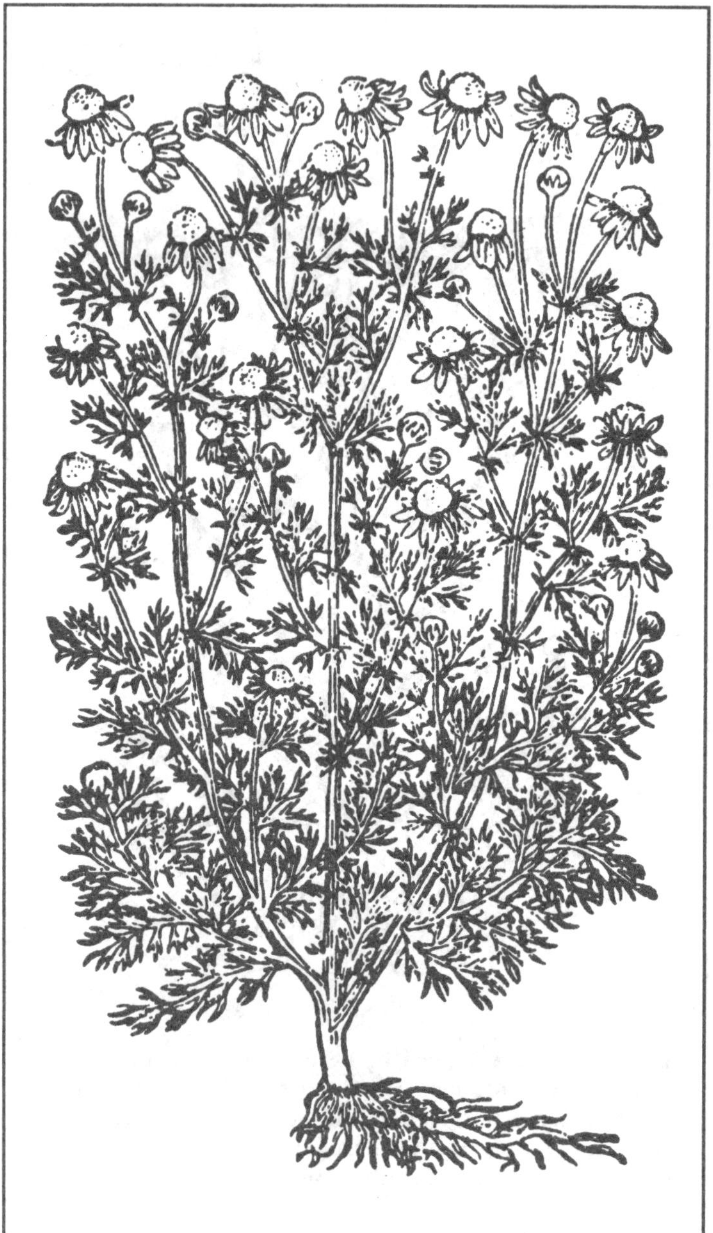

Kamille oder das Kraut der Mütter
(22.6. - 22.7.)

Die Kamille ist ein äußerst angenehmer Zeitgenosse. Sie versteht es, um sich herum eine Atmosphäre der Behaglichkeit und Wärme zu schaffen, die andere Menschen unweigerlich in ihren Bann zieht. Sie ist verständnisvoll und einfühlsam, und man schenkt ihr grenzenloses Vertrauen, denn die Kamille klatscht nicht. Dadurch besteht mitunter die Gefahr, daß sie selber viel Verständnis und Unterstützung braucht. Diese zarte Pflanze ist im Grund ihres Herzens sehr scheu und zurückhaltend und verbirgt ihr übermäßiges Bedürfnis nach Sicherheit oft hinter einer etwas herben Art. Auch wird die Kamille immer ein wenig Fernweh verspüren. Obwohl sie eigentlich sehr häuslich ist, liebt sie das Reisen und das Neue.
Mit ihrer Neigung zu romantischen Träumen steht sie sich manchmal selbst im Wege. Die Wirklichkeit ist doch oft viel häßlicher, als es sich die Kamille in ihren Träumen ausgemalt hat. So kann es passieren, daß sie sich enttäuscht und verletzt immer tiefer in sich selbst zurückzieht. Versinkt sie solcherart in Selbstmitleid, stürzt sie ihre Umgebung in Verwirrung, denn nicht jeder kann den plötzlichen Wandel der eben noch strahlenden Kamille, die ihre leuchtenden Blütenblätter freudig der Sonne entgegenstreckte, in ein verkümmertes Gänseblümchen begreifen.
Wenn die Kamille lernt, diese plötzlichen Anfälle von Weltschmerz mit ein wenig mehr Gleichmut zu ertragen, wird sie eher zu innerlicher Ausgeglichenheit gelangen. Wenn sie dann mitunter ihrem Groll Luft machen und ihn nicht in sich vergraben würde, könnte sie sich selbst und ihren Lieben einen großen Dienst erweisen und viel zu der häuslichen Harmonie beitragen, die sie doch selbst so nötig braucht. Trotz dieser Stimmungsschwankungen gestaltet sich das Zusammenleben mit der Kamille äußert harmonisch, denn ihre Gegenwart wirkt wohltuend, wie der Duft von Kamillenblüten. Sie besitzt ein liebevolles Herz und wird für

die Nahestehenden alles nur Mögliche tun um sie glücklich zu sehen.
Doch genausowenig wie die Kamille chemische Gifte und Düngemittel verträgt, verträgt sie Kritik und Mißgunst. Darunter kann sie sehr leiden und ist manchmal sogar sehr nachtragend.
Wie würde der Kamillenmensch staunen, wenn er sich bewußt machte, daß diese sanfte und zart anmutende Pflanze viel zäher und stärker ist, als er es je zu träumen wagte. Er benötigt die Wärme menschlicher Zuneigung... wie die Pflanze die Sonne. Er blüht auf.

"Das ist ein Weibisch zeichen / wässerig / flegmatisch / rotzig / mittelmässig / gibt auch an den leuten nit zu lang noch zu kurtz / gibt alle sachen gar glatt vn glizelecht / Hat den mitten theil des menschen leibs innen / halt innen den bauch / das miltz / die Nieren vnd Blater. Das kraut so dem zugethan / ist am meiste zugebrauchen zu den kranckheiten der Nierengeschwer / der wassersucht / Miltzgeschwer. Die bletter habe kleine zarte äderlein, wachsen nit nahend bey der erd / sonder fast vbersich. Die blumen seind schön / zart / glatt / ein wenig gefältlecht / nit zerkerbt / auch nit räß."

Die Blume der Sonnengötter
Die Kamille galt schon bei den Ägyptern als Blume des Sonnengottes, ebenso bei den Germanen, wo sie die Pflanze des Lichtgottes Baldur war. Die Allgemeinwirkung der Kamille ist eine krampflösende, entzündungswidrige und desinfizierende. Seit alters her wird sie vor allem Frauen empfohlen, weil sie günstig auf die Gebärmutter und die Menstruation einwirkt. Daraus leitet sich auch der lateinische Name "Matricaria chamonille" ab: von matrix = Gebärmutter. Chamonilla ist eine Zusammensetzung von griechisch "chamai" = niedrig und "melon" = Apfel, heißt also soviel wie "auf dem Boden wachsender Apfel", womit wohl ihr aromatischer Duft gemeint ist.

Ernte an Johanni, dem Tag der Sonnenwende
Die Kamille ist grundsätzlich in ganz Europa beheimatet und bevorzugt nährstoffreichen, kalkarmen, sandigen sowie lehmigen Boden. Der Gebrauch von Kunstdünger und Herbiziden (sog. "Unkraut"-Spritzmitteln) hat sie aus Getreidefeldern, Wegrändern, Brachland und Erdhaufen verdrängt. Sie gehört zur Familie der Korbblütler und wird bis zu 50 cm hoch, mit einem ästigen Stengel, an dem wechselständig zwei- und dreifach gefiederte schmale Blättchen stehen. Der spitzkegelige Blütenboden ist hohl und das entscheidende Merkmal, im Gegensatz zur Hundskamille, die einen markigen festen Blütenboden hat. Ein weiteres Unterscheidungsmerkmal ist der aromatische Geruch der Echten Kamille. Deren Blüten haben einen weißen Strahlenkranz, die gelbe Blütenmitte hat ungefähr 500 Röhrenblüten. Diese Blütenköpfe werden gesammelt. Der günstige Zeitpunkt ist gekommen, wenn die weißen Strahlenblüten in einem Winkel von ca. 60 Grad nach unten weisen. Dann hat die Pflanze den höchsten Gehalt ätherischer Öle.
Nach altem Brauch ist das an Johanni (24. Juni), dem Tag der Sonnenwende. In Westprußen mußten sie vor Johanni gesammelt werden, weil danach die Hexen darauf pinkeln. Im Solling hingen die Bauern Kamillebündel ins Haus, um Hexen fernzuhalten.

Die Kamille wird am besten in der Mittagssonne geerntet und soll rasch an einem luftigen, schattigen Ort getrocknet werden. Schneereiche Winter und feuchte Frühjahre sollen eine besonders üppige Ernte ermöglichen.

Die "Königin der Heilkräuter"
"Es ist bey allen menschen kein brenchlicher kraut in der artzney als eben Chamillenblumen / denn sie werden beinahe zu allen bresten gebraucht! " schreibt Hieronymus noch in seinem "Kreutterbuch" 1577. So kann man die Kamille durchaus als die Königin der "Heilkräuter" bezeichnen, ihr milder Einfluß auf die inneren Organe, ihre Verwendung zu Spülungen, Dampfbädern, Umschlägen usw. machen sie praktisch zu einem "Allheilmittel". Der "Kräuterpfarrer" Künzle schreibt über die Pflanze:" Die Kamille darf man füglich den ersten der Nothelfer in der häuslichen Gesundheitspflege nennen; ihre unbestrittene Wirkung in allen möglichen Gebresten, Krankheiten und Unfällen ist wie ein Alltagsbeweis für die Weisheit und Gnte des Schöpfers, der in dieses bescheidene Pflänzchen eine ganze Apotheke hineingelegt hat."
Kamillentee wird von altersher bei innerer Unruhe, Schlafstörungen, Reizzuständen, Magenkrämpfen, Übersäuerung, Blasen- und Gallenschmerzen sowie Menstruationsbeschwerden getrunken.
Umschläge und Waschungen werden bei entzündeten Augen, Hautausschlägen, Wunden oder auch Zahnschmerzen angewandt. Dampfbäder helfen bei Schnupfen und Nebenhöhlenerkrankungen. Der Absud pflegt die Haut und die Haare. Kamillenöl zum Einreiben wirkt bei Rheumatismus, Ohrenschmerzen, Quetschungen und Verspannungen. Auch Kamillenwein und -honig sind alte Rezepte.

REZEPTE:

Kamillentee:
Ein gehäufter Teelöffel kommt auf 1/4 Liter Wasser. Nur brühen und kurz ziehen lassen.
Anwendung: Krämpfe (innere), Magen- und Darmbeschwerden, Menstruationsbeschwerden, Schlaflosigkeit, Fieber (schweißtreibend, beruhigend und krampfstillend).

Badezusatz:
Zwei Hände für Wannenbäder, für Gesichsbäder eine Handvoll Blüten, ebenfalls brühen und kurz ziehen lassen.
Anwendung: Guter Einfluß auf das gesamte Nervensystem, bei schweren Erschöpfungszuständen, Hautpflege.

Absud:
1/2 Liter kaltes Wasser und 2 Teelöffel getrocknete Kräuter werden im zugedeckten Topf zum Kochen gebracht und 5 - 10 Minuten sieden gelassen. Danach abseihen.
Anwendung: Nach Zahnoperationen, bei Zahnschmerzen zum Gurgeln. Zur Haarpflege, besonders bei blondem Haar.

Kamillenöl:
In eine Flasche werden frische Kamillenblüten locker bis zum Hals gefüllt, darauf wird kalt gepreßtes Olivenöl gegossen, bis die Kamille bedeckt ist. Gut verschlossen gut 10 Tage in die Sonne stellen. Dann abfiltern und im Kühlschrank aufbewahren. Die betreffenden Stellen 3 - 5 mal täglich einreiben.
Anwendung: Gliederreißen, Geschwulste, Gicht, Rheumatismus, Quetschungen.

Kamillendämpfe:
Ein gehäufter Eßlöffel Kamille wird mit einem Liter kochenden Wasser abgebrüht. Den Kopf über den Topf halten und mit einem Handtuch überdecken.
Die Dämpfe werden eingeatmet bzw. wirken auf Haut oder Augen.

Anwendung: Unreine Gesichtshaut, Schnupfen, Nebenhöhlenerkrankungen, Augenentzündung.

Kräuterkissen:
Kamillenblüten werden in ein Leinensäckchen gefüllt und verschlossen. Dann in einer trockenen Pfanne gut erwärmen und auflegen.
Anwendung: Schmerzende Stellen.

Kamillenwein:
Eine Handvoll Blüten in einem Liter Wein ca. 12 Stunden ziehen lassen.
Anwendung: Steinleiden, Blasenleiden (Urinverhalten).

Kamillenmilch:
1/4 Liter Milch wird kochend über einen gehäuften Eßlöffel Kamille gegossen. Kurz ziehen lassen, abseihen und damit warme Umschläge machen.
Anwendung: Augenschmerzen

Kamillenhonig:
Getrocknete Kamillenblüten werden zu Pulver zerrieben und gut mit Honig vermischt. Davon wird einige Wochen morgens und abends ein Teelöffel gegessen.
Anwendung: innere Verschleimung.

Kamillensalbe:
Ein halbes Pfund Schweineschmalz wird erhitzt (ausgelassen), darauf gibt man zwei Handvoll frischer Kamillenblüten, aufschäumen lassen, umrühren, gut abdek-

ken und über Nacht in einem kühlen Raum belassen. Am nächsten Tag noch einmal anwärmen und durch ein Leinentuch pressen. Die Salbenmasse wird in saubere Gläser gegeben.
Anwendung: Wundbehandlung, Hämorrhoiden.

"Un das ist / das mich in dißem handel unlustig macht / das keyner mit dem anderen stimpft / und wenn ich alle commentarios durchliße / so will ich meer lernen von einer alten kreutlerin / dann auß aller ärztet schreiben. Und sag frey / aber einmal / das irer vil / selber nye gesehen / noch gekennt haben / davon sye geschriben / sondern hat ye einer mit dem anderen gewechßlet / und jm ein anders färblin angestrichen / damit er auch ein buch machete."

Kreuterbuch 1534

"Vör'n Kamillenkoppe mut'n de Mützen afnehmen!"

"En got Köppche Kamillentee hölp besser wie drei Döktersch."

Alte Sprichwörter

Die Geschichte von der schönen Matricaria, die sowohl schön von Gestalt als auch von ungemeinem Geiste gewesen sei (nach einer Erzählung von Louis Liger aus seinem "historischen Blumengärtner"):
"In Thessalien machte sie sich an dem Feste der Ceres zuerst bekannt. Als bereits alle Ceremonien gemachet, das Opffer-Vieh geschlachtet, entstund unter denen Opffer Priestern ein großer Tumult, welcher fast das ganze Fest zerstört hätte. Die Ursache dieser Unordnung war eine Nymphe, die Tochter Pans. Diese beschuldigte man, dass sie das Opfer verunehrt, in dem sie zur Unzeit das Mehl und Salz, das man sonst vermischet auf das Opffer, um selbes angenehm zu machen, gestreuet, verschüttet.
Die in der Tat ganz unschuldige Nymphe wurde alsobald vor den Ober Priester gebracht. Allein Matrix, die

bishero durch ihre Schönheit aller Augen auf sich gezogen, wollte auch die Proben ihres trefflichen Verstandes sehen lassen. Also näherte sie sich und vertheydigte die Unschuld dieser Nymphe mit der trefflichsten Beredsamkeit, daß dieser große Priester aufstund, dreymal mit dem Fuß auf die Erde stampfte und ebenso viele Bewegungen mit seinem heiligen Stabe machte, und die Nymphe völlig vor unschuldig, frey und ledig sprach: Die Opfferer aber wurden darüber so rasend, daß sie Matricem, als die Ursache dieser Begebenheit anfielen und ihrer grausamen Rache aufforderten.
Die Nymphe must es selbst mit ansehen, ruffte aber die Götter um Beystand an, welche die Matricem in eine Blume ihres Namens verwandelten."

JOHANNISKRAUT

23.7. - 23.8.

Johanniskraut: Johannisblut, Herrgottskraut, Elfenblutkraut, Blutkraut, Mannsblutkraut, Hartheu, Frauenkraut, Hexenkraut, Konradskraut, Teufelflucht, Scharnokelkraut, Waldhopfen, Tausenlochkraut, Tüpfelhartheu, Herrgotts Wundkraut, Unserer Frau Bettstroh, Unserer lieben Frau Gras, Wilder Magram, Färberkraut, Frauengliester, Sonnenwendkraut, Löcherkraut, Jägerteufel, Tüpfeljohanneskraut, Gottesgnadenkraut, Hartenau.

Johanniskraut oder die Kraft der Sonne
(23.7. - 23.8.)

Das Johanniskraut ist der Inbegriff der Lebensfreude, die ganze Kraft der Sonne ist in dieser Pflanze eingefangen.
Die Menschen dieses Zeichens leuchten aus der Menge hervor. Ohne es zu wollen, fallen sie auf, doch haben sie auch nichts dagegen, im Gegenteil! Das Johanniskraut ist warmherzig und großzügig. Wie die Pflanze brauchen diese Menschen die Sonne und Wärme, um sich zu entfalten, das schließt auch die Wärme durch Anerkennung und Bewunderung der Mitmenschen mit ein.
Um diese Bewunderung zu bekommen, ist das Johanniskraut zu vielen Kapriolen bereit, es ist ein Meister in der Kunst der Selbstdarstellung. Es neigt zur Dramatik, und wenn es keine Anerkennung bekommt oder in schädliche Selbstzweifel versinkt, versinkt das Johanniskraut in tiefschwarze Depressionen. Geschickte Menschen helfen dem Johanniskraut mit vorsichtigen Schmeicheleien wieder auf die Beine, denn es ist nur zu gern bereit, diesen zu glauben. Stellt es jedoch Unaufrichtigkeit fest, wird sich ein Unwetter entladen, denn dieser temperamentvolle Mensch liebt die Wahrheit und hält selbst mit Kritik nicht hinter dem Berg, auch wenn er andere damit verletzt. Für etwas Luxus und Bequemlichkeit lebt das Johanniskraut über seine Verhältnisse, es denkt nicht gerne über solche unwichtigen Dinge wie den Kontostand nach, wenn es darum geht, sich oder anderen eine Freude zu bereiten.
Das Johanniskraut ist ein tatkräftiger Mensch und kann tagelang hart arbeiten. Anschließend benötigt es jedoch Phasen der Trägheit, um sich zu regenerieren und erneut mit Sonnenenergie aufzutanken.

"Der ist heiß vnd trucken / hat an dem menschen innen die brust / Die Kreutter / so disem / zeichen zugethan / sind auch nur zu hitzigen dingen zugebrauchen / Auch gut zu den Miltzgeschweren / wider das husten vnd keichen / wider die inwendige pestilentz / wider den stich in der seyten / für die hertz geschwulst vn faulen athem / wider brustsucht. Diß zeichen gibt durchaus ein schöns / dapffers / groß vnd langs kraut / wie vorgemelt ist / Gibt auch schöne grosse herzliche blumen / goldgelb / oben weit offen / haben etliche bletter / haben einen fast rässen vn hitzigen geschmack."

Die eingefangene Kraft der Sonne
Das Johanniskraut wird von vielen Kräuterkundigen als die schönste Sonnenpflanze angesehen. Der botanische Name "Hypericum" stammt von den alten Griechen, die sie den Büsten ihrer Götter um den Kopf legten. Der deutsche Name "Johanniskraut" bezieht sich auf das Fest Johannes des Täufers (24. Juni), weil zu dieser Zeit die Pflanze blüht und ihre Blntensaft rot ist, wie das Blut des Märtyrers.

Die Hartheu-Pflanze
Johanniskraut wächst im sonnenbestrahlten Unterholz lichter Wälder, an Wegrändern, auf mageren Wiesen und Feldrainen. Es wird ca. einen Meter hoch und hat einen harten zweikantigen Stengel, weshalb es auch den Namen Hartheu bekam. Die kleinen gegenständig angeordneten Blätter sind durchscheinend punktiert. Der obere Teil des Stengels hat buschige Verzweigungen mit den goldgelben Blüten, deren kleine schwarze Drüsen den Saft enthalten, der beim Zerreiben der Blüten die Finger blutrot färbt. Geerntet wird die Pflanze während der Blütezeit. Sie wird über dem Erdboden abgeschnitten und in Sträußen an einem schattigen Platz getrocknet. Dann wird sie zerkleinert und aufbewahrt.

"Arnika der Nerven"
Berühmt ist das Johnniskraut als Nervenheilmittel und Wundmittel. Es stärkt das Nevenkostüm und gleicht Depressionen aus. Das rote Johanniskraut wirkt schmerzstillend und entzündungshemmend bei frischen Wunden wie auch Narbenschmerzen, Ischias und Muskelzerrungen. Während der Behandlung mit Johanniskraut wird die Lichtempfindlichkeit der Haut erhöht, deshalb sollte zu dieser Zeit starke Sonneneinstrahlung vermieden werden. Hingegen ist Johanniskrautöl ein sehr gutes Mittel, um Sonnenbrand zu behandeln.

REZEPTE:

Johanniskraut-Tee:
Von der getrockneten Pflanze 1 Teelöffel mit einer Tasse kaltem Wasser ansetzen, kurz aufkochen und abgedeckt noch etwas ziehen lassen. 1 - 3 Tassen täglich. Eine Kur kann auf 4 - 6 Wochen ausgedehnt werden.
Anwendung: Nervenstärkung, bei Depressionen, zur Beruhigung. Zum Mischen für alle Beruhigungs- und Schlaftees geeignet.

Johanniskraut-Öl:
Blüten werden in ein Glas geschichtet und mit kaltgepreßtem Olivenöl übergossen. Verschließen und 3 Wochen in die Sonne (Fensterbank) stellen, abseihen und in dunkle Flaschen abfüllen.
Zur Behandlung von Verbrennungen und Sonnenbrand kann das gleiche Rezept mit Leinöl verwandt werden.
Anwendung: Wund- und Brandöl. Zur Behandlung von Wunden wird Gaze mit Öl getränkt und aufgelegt. Es brennt nicht in der Wunde. Ansonsten wird das Öl zum Einreiben genommen, z.B. bei Ischiasschmerzen, Zerrungen.

Johanniskraut-Tinktur:
Obere Triebspitzen, Blätter und Blüten werden in ein Glas gefüllt und mit Korn (40 %) übergossen. 3 - 4 Wochen ziehen lassen, abseihen und abfüllen. Je nach Bedarf bis zu 3mal täglich 20 Tropfen einnehmen.
Anwendung: wie beim Tee beschrieben.

Im Zauber des Mittsommers, dem Sinnbild heiliger Licht- und Wärmekräfte der Sommersonne, erstrahlt es am Johannistage in seiner herrlichsten Blütenpracht. Die Mädchen flochten Kränze daraus, und wer um das Johannisfeuer tanzte, mußte einen Kranz von Hartheu, die Johanniskrone, tragen. In dieser geheimnisvollen Nacht wurden auch Zweige ins Wasser gestreut, und das Mägdlein erkannte am Aufblühen oder Verwelken, wie es im nächsten Jahr mit dem Freier bestellt sein würde.

"Hartenau und Dill -
machts Gewitter still."

"Eisenhart und Hartenau -
Brennt an, daß
sich das Wetter stau."

"Ist denn keine alte Fraue,
Die kann pflücken Hartenaue,
Daß sich das Gewitter staue?"

Alte Wettersprüche

"Die alten Weiber sprechen:
Dost Harthaw und Wegscheydt
Thun dem teuffel vil leidt."

Kreutterbuch 1539

"Vil haben einen andern Wahn
Graben vor Tag Sant Johanskraut,
Das macht den menschen lieb und traut,
Wenn schon ein das ander nicht kennt."

Vintler: Blumen der Tugend (15. Jh.)

"Wenn man perforatam gegen die Phantasien, von denen gesprochen wurde, gebrauchen will, so soll sie nach dem Gange des Himmelslaufes genommen werden, so daß dessen Influenz auch wider diese Geister sei, nämlich am meisten im Mars, im Jupiter und in der Venus, und mit nichten nach dem Monde, sondern wider den Mond, auch nicht nachmittags noch in der

Nacht, sondern im Aufgange der Sonne, gegen die Sonne, in aurora, das ist im Morgenrot, oder diluculo, das ist in der Dämmerung, des Morgens. Und die ist am besten, die da bei guten anderen Blumen steht oder unter ihnen wächst, und je länger, je besser, je mehr mit Blumen, je besser, und in der Zeit, wenn die Blumen am höchsten sind."

Joh. Theoprast von Hohenheim genannt Paracelsus

"Als der Lieblingsjünger des Herrn, bis zum Tode betrübt, unter dem Kreuze stand, sammelte er die mit dem heiligen Blute getrockneten Pflanzen sorgfältig, um sie als teure Andenken an des Heilands Tod an fromme Gläubige zu verschenken.

Alte Legende

Fromme Kunde aus dem österreichischen Innviertel von der Rettung des heiligen Johannes: "Als er gefangengenommen werden sollte, so heißt es, steckten die Verräter an die Fenster des Hauses, in dem sich der heilige Apostel aufhielt, zum Zeichen Sträuße des Johanniskrautes. Doch ein Wunder geschah: Die Blumen erblühten plötzlich an allen Fenstern der Häuser, an denen die Verfolger vorüberkamen, und führten sie völlig in die Irre. So wurde der heilige Johannes gerettet."

Legende aus Österreich

"Einer Sage dankt der Name Mariae Bettstroh sein Dasein, mit dem man hier das Johanneskraut (Hypericum) belegt, und bis zum heutigen Tag lassen sich den Knospen dieses Krautes die blutigen Tränen entpressen, mit denen die hl. Jungfrau ihr Lager netze."

Aus dem Erzgebirge

"daz ist ain kraut daz hat vil pleter auf ainem stengel, diu sind gestalt sam (wie) wie der basilgen pleter und sint alle durchlöchert mit vil löchleich, dar umb haizent si auch ze latein perforata, daz spricht diu löchärinn und haizt in kriechisch ypiricon. daz kraut hat die art, daz ez daz herz sterkt und die leber und rainigt die nieren und hailt die gesweren und allermaist die grozcn unreinen gesweren, die ze latein annuates haizent und suocht die vergift, daz kraut haizet auch sant Johanneskraut."

Buch der Natur (14. Jh.)

So trug sich in Zehmitz in Anhalt, wo man das Kraut Hartenau nennt, eine wunderbare Geschichte zu, die man sich in Röthen erzählt: "Tagelang wütete ein furchtbares Gewitter, das gar kein Ende nehmen wollte. Plötzlich hörte man aus den dunklen Wolken eine Stimme rufen: 'Ist denn keine einzig Frau, die da weiß von Hartenau?' Da eilten alle Frauen und holten herbei, was sie nur an Johanniskraut im Hause hatten und steckten es an die Fenster. Sofort hörten Blitz und Donner auf, und das Gewitter verzog sich."

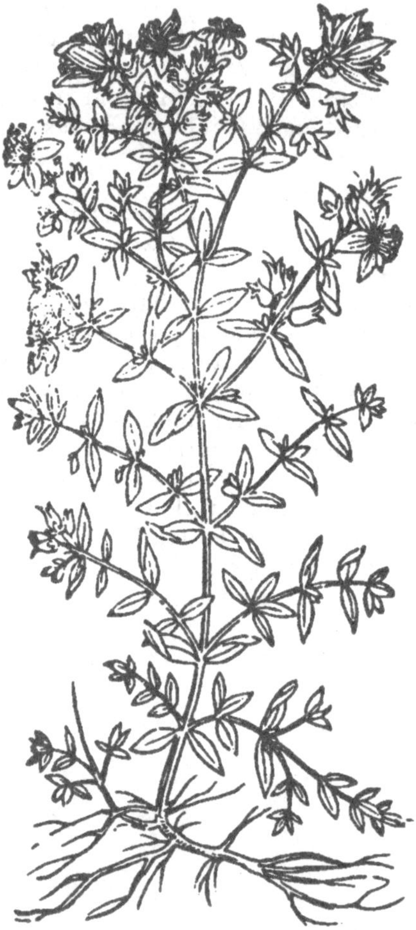

WEGWARTE

24.8. - 23.9.

Wegwarte: Wilde Zichorie, Feldzichorie, Rattenwurz, Wegweiß, Wegleuchte, Blauer Sonnenwirbel, Hindlauf, Sonnenwedel, Blaue Sonnenwende, Armesünderblume, Weglugen, Hundsleucht

Wegwarte oder die blaue Blume
(24.8. - 23.9.)

Die Herzensgüte der Wegwarte verbirgt sich hinter ihrem klaren, analytischen Verstand. Sie wirkt formell und ein wenig zurückhaltend, und es kann lange dauern, bis sie ihre Zuneigung zeigt. Ihr klarer Verstand und ihre gute Menschenkenntnis ermöglichen es ihr, andere Menschen zu durchschauen und deren Fehler und Schwächen sofort zu entdecken. Sie scheut sich auch nicht, diese mitzuteilen, was für ihre Mitmenschen nicht immer erfreulich ist.
Der wahre Wunsch der Wegwarte ist es jedoch, den anderen zu helfen, indem sie auf die Fehler hinweist, um den Menschen den Weg zur Vollkommenheit zu ermöglichen. Die Wegwarte selbst kann Kritik nur sehr schlecht ertragen, da sie auch selbst ihr stärkster Kritiker ist.
Wegwarten sollten es lernen, ihre Zuneigung und Wärme deutlicher zu zeigen und sich nicht mit Selbstzweifeln zu zerfleischen. Ihr Streben nach Vollkommenheit und der Wunsch, anderen zu helfen, bringt sie dazu, mitunter zuviele Pflichten und zuviel Verantwortung zu übernehmen. Auch wenn die Wegwarte in ihrem Pflichtbewußtsein aufgeht, ist es wichtig, selbst so "unvernünftige Dinge" wie die Liebesfähigkeit zuzulassen und wirklich glücklich zu sein.

"Die ist kalt vnd trucken / Hat an dem Menschen innen / auch die geschickligkeit. Das kraut ist fast zu gebrauchen zu subtilen dinge / Das kraut ist an im selbst subtil vnd lang / ab diesem kraut getruncken / ist nutz zu dem gesicht / demselben soll man diß kraut vberlegen / brint widerumb die sinnligkeit / Die Wurtz an diesem gewächs ist mittelmessig lang / hat viel holtz an ihr / mit schönen kleine subtilen zäserlein / ist eines lieblich geschmacks / Diese Wurtzt in Wein gesotten vn getruncken / macht widerum liecht / Den safft eingenommen / sterckt."

Die blaue Blume

"Die Wegwarte wartet wirklich auf jedem Weg auf dich, um dich gesund zu machen!" Das sagte Kneipp über die blaue Blume, die schon in einem Papyrustext aus dem 4. Jahrtausend v. Chr. erwähnt wird. Sie zählt zu den blauen Blumen (neben der Wegwarte sind es Akelei, Borretsch, Kornblume, Veilchen, Verbena), die nach alter Überlieferung die Seele der Menschen heilen können.
So galt sie schon früh als Pflanze mit magischer Kraft und wurde nach Berichten aus dem Mittelalter als Zauberkraut benutzt, das für Rituale der Unverwundbarkeit, von Liebesglück und als Heilmittel "Nimmerweh" verwandt wurde. Andererseits gab es auch Leute, die sie für gefährlich hielten. Elisabeth von England soll nach einem Text von 1670 an einem Aufguß gestorben sein, der aus der Wegwarte zubereitet wurde. Paracelsus hingegen behauptete, die Wurzel der blauen Blume verwandele sich alle sieben Jahre in einen Vogel, womit er sicher auf ihre Wirkung als Mittel gegen Schwermut und Melancholie hinweisen wollte.

Die Wegwarte, ein "Frühaufsteher"

Die Blüten der Wegwarte öffnen sich sehr früh, meist zwischen 4 und 5 Uhr morgens. Ihr bevorzugter Standort sind die Wegränder. Sie hat eine tiefreichende bitter schmeckende und milchsafthaltige Pfahlwurzel, aus der ein harter kantiger Stengel mit zahlreichen Ästens prießt. Die unteren Blätter bilden wie beim Löwenzahn eine Rosette, sind tief eingeschnitten und gezahnt. Die oberen Blätter sind länglich und umfassen den Stengel. Die großen blauen Blüten leuchten von Juli bis September.
Die jungen Blätter werden früh zum Wildkräutersalat geerntet, die Wurzel im Herbst.

Reinigung der Seele und des Körpers

Die Wegwarte ist eine Pflanze für den gesamten Stoffwechsel. Sie regt die Funktion von Leber, Galle und Milz an und regelt die Verdauung. Die Inhaltsstoffe Intybin, Cholin, ätherische Öle, Kali und Inulin sind die hauptwirksamen Substanzen. Wobei das Inulin,

welches hauptsächlich in der Wurzel konzentriert ist, auch ausgezeichnet auf die Bauchspeicheldrüse einwirkt und den Blutzuckerspiegel senken kann.
Der Wegwarten-Kaffee regt die Leberzellen an. Der Hofgärtner Timme aus Thüringen wird in einem Kriegskochbuch aus dem Jahre 1722 als Erfinder des Zichorienkaffees erwähnt. Friedrich der Große förderte die Verwendung der Wegwarte als "Kaffee", deshalb auch die Bezeichnung "Preußischer Kaffee".

Die Verwandten der Wegwarte, Chicoree und Endivie, werden als Salate in den Gärten kultiviert und enthalten durch ihre Bitterstoffe auch günstige Wirkungen auf unseren Organismus.

REZEPTE:

Die jungen Blätter im Frühjahr für Wildkräutersalate.

Wegwarte-Tee:
Für den Tee benutzt man die Wurzeln. Sie werden ausgestochen, gereinigt und gut getrocknet. Sie können auch der Länge nach aufgeschnitten und zum Trocknen aufgefädelt werden.
Auf eine Tasse Tee kommt ein Teelöffel der getrockneten oder frischen Wurzel. Kalt angesetzt 5 Minuten kochen lassen. 2 - 3 Tassen täglich trinken.
Auch die Blätter können getrocknet und Teemischungen beigefügt werden.
Anwendungen: Anregend und heilsam auf alle Milz-, Leber- und Gallebeschwerden. Wirkt mild und reinigend auch auf Niere und Blase. Stoffwechsel und Verdauung werden nachhaltig günstig beeinflußt.
Dieser Tee kann auch mit anderen gleich wirkenden Kräutern gemischt werden:
Wegwarte-, Löwenzahnwurzeln und Mariendistelsamen zu gleichen Teilen mischen und den Tee wie oben beschrieben zubereiten.

Wegwarte-Kaffee:
Die kleingeschnittenen Wurzeln werden in der Bratröhre getrocknet und leicht "angeröstet" und dann in der Kaffeemühle gemahlen.
Anwendung: regt die Leber an.

Verdauungs-Wein:
1 Liter Rotwein, 1 Handvoll Wegwartenwurzeln und die gleiche Menge Rhabarberwurzeln (Apotheke/ Kräuterhaus), 2 Eßlöffel Faulbaumrinde, 1 Eßlöffel Anis, 1 Zimtstange und 2 Eßlöffel ungespritzte getrocknete Orangenschalen. Die Kräuter in einem Gefäß zerstoßen und dann mit dem Wein übergießen. In einem Schraubglas die Mischung 3 Wochen an einem warmen Ort ziehen lassen, ab und zu durchschütteln. Danach abseihen und in dunkle Flaschen füllen. Nach jedem Essen ein Gläschen trinken.
Anwendung: Bei Darmträgheit. Regt Magen- und Darmtätigkeit an.

Melancholie-Wein:
Zutaten: 1 Liter süßer Rotwein, 1 Handvoll Wegwarte-Blüten, Ysopblätter und -blüten, Melisseblätter, 1 Vanillestange und eine Handvoll Rosinen. Die Kräuter zu gleichen Teilen mischen, die Rosinen zerquetschen und hinzufügen. Alles in ein Glas füllen, mit dem Wein übergießen und wieder 3 Wochen an einem warmen Ort durchziehen lassen.
Anwendung: Stärkt und muntert auf!

Das Wegwarte-Kraut mit Essig angemacht ist ein wirksamer Salat gegen Würmer und Nierensteinbildung.

Auch zur äußerlichen Anwendung kann die Wegwarte genutzt werden.: Das Kraut mit kochendem Wasser kurz anbrühen, abseihen und in Leinen Umschläge bei inneren Beschwerden (Leber, Galle) auf die betreffenden Körperstellen auflegen bis zum Erkalten. Täglich mehrmals wiederholen.

"Wenn einem etwas gestohlen worden, darf er nur die Wegwartwurzel unter das Haupt im Bette legen, so erscheint der Dieb im Traum."

"Bemühungen, den Aberglauben zu stürzen". 1785

"Creule, ich sprich dich in dem namen unseres herren Jhesu Christi und in des namen kraft, und als unser herre die juden ansach und im nichts geschach, als muß aller meiner feind hertz und gemuot und kraft nider vallen vor disem und mir nichts geschehen, und sie all niderfallen, in nomine patris et spiritus sancti. Amen. item dic V pater noster."

Segensspruch 15. Jh.

"An St. Johannis deß Täuffers Tag (24. Juni) berühren sie (die Segenssprecher) mit Gold / deß morgens früh vor Sonnenaufgang / knieend / eine Weglugenwurzel / und graben dieselbige hernacher mit einem sonderbaren Eisen / in Namen / und Krafft deß Schwertes deß Judae Macchabaei, vollend aus; solche (Wurzel) ist wider allerley unglück bey sich zu tragen."

Pilo: "Magiologia" 1675

"Grabe vor Sonnenaufgang die Wurzel der wilden Cichorie auf, schabe selbige, presse sie aus und nimm den Saft mit Zucker. In das Loch der ausgegrabenen Pflanze lasse deinen Urin und scharre das Loch wieder zu."

6. und 7. Buch Mosis

"Damit wir abermal der natur wunder warnemen, hab ich die bloen (blauen) blumen (von der Wegwarte) in eyn ämissen hauffen gelegt / die sint in eyner kleynen weil gantz purpurrot worden als sollten die blumen ab (wegen) den ämissen erschrecken und also in bluotfarb verkert werden."

Kreutterbuch 1539

"Kraft und Tugendbeschreibung der edlen Blume Hundsleucht oder Wegewart, auch Sonnenleicht genannt. Wie dieses Gewächs in ihrer Kraft und Wirkung gegraben wird, so kann sich darmit verwahret werden wieder alle seine Feinde, es seye im Sturm oder sonsten in einer Action, du kannst alle Kugeln abweisen und wann dich einer gleich mit dem Degen wollte hauen oder stechen, so wird ihm sein Schwert in Stücken zerspringen, und nirgends schaden können, auch kann man dich nicht mit Stricken binden, da sie entzwei gehen wie ein Faden. Dieses Gewächs in aller Kraft zu bekommen, so gehe am Peter und Pauli (29. Brachet = Juni) den Abend zuvor hinaus auf das Feld und siehe dich um nach der Blume Hundlauff (Hinlauf = Wegwarte), wo sie steht und zeichne sie recht mit einem gewiesen (gewissen) Zeichen, daß du sie des nachts wieder findest, dann gehe nach Hause und dieselbe Nacht nach Mitternacht, also frühe um 1 Uhr, gehe hinaus nach dem bezeichneten Ort zu der gemelden (erwähnten) Wurzel und trette ganz dicht hinan wie es dreiviertel auf 2 Uhr ist, so mache dich gleich und behänd darüber, und grabe die Wurzel aus mit einem Stück Holz, in welchen das Donnerwetter (Blitz) hineingeschlagen hat, und wann sie ledig ist, so ziehe sie heraus, sie muß aber ganz rein seyn und nicht entzwei geschnitten, wickle sie in ein sauberes Tüchlein, und umwinde es mit einem rothen Seidenfaden, dann stecke dies in ein Beutelchen und trage selches bey dir, so bist vor allen deinen Feinden gesichert, dann diese Wurzel weiset alle Kugeln ab, wie schon oben erwehnet ist, und wann dir ein kaltes Eisen zu nahe kommt, so geht es entzwei wie Ruben und Butter, es haftet gar nicht an dir und keiner kann eines unrechten Todes sterben, der diese Blume Hundsleucht bei sich trägt."

aus einem alten "Sympathie (Zauber)-Buch"

"Wer Wegweisblumen trägt, der wünscht, daß er auf alte Tugenden hingewiesen werde, die seiner Liebsten gefällig sind. Wenn es aber von seiner Liebsten geboten wird, der soll bedenken, dass der immer auf dem rechten Weg sein, und sich durch nichts ablenken lasse, und sein Herz, seine Sinne, sein Gemüth, mit ganzem Willen nach seiner Liebsten kehre, wie auch die Wegweise sich allezeit wendet gegen die Sonne."

Jacob Grimm, Altdeutsche Wälder, Nr. 20,
"Die Bedeutung der Blumen"

"Wem dy wunten zepalt zuhailen will, der nem wegwart und ermul (zerreibe) sy unt leg sy über dy wunten."

Rezeptbuch 17. Jh.

"Und vil die jehent (sagen), die wegwart
sei gewesen ain frawe zart
und wart irs puelen (Buhlen) mit smerzen."

Vintler, Blumen der Tugend, 15. Jh.

"Dis krutes tugent ist wunderbarlich wan so es gesamlet wirt wan die son ist im lunwe jm augst monat und würt dann verwickelt in ein lorberblat und ouch darzu getan ein wolff zan und dan also by im getragen So mag niemant wider den tragenden haben stimmen zu reden. Und so eim etwas genommen ist worden und legt das in der nah vnder sine houbt so würt er sehen den der das gethon hat und alle gestalt und eygenschafft."

Buch der Versammlung 1508

"Wer an einem Aposteltag (gemeint ist etwa Peter und Paul) eine Wegwarte ausgräbt - am besten eignet sich dazu ein Hirschgeweih, auf keinen Fall darf man die bloße Hand dazu brauchen- , der sichert sich die Liebe der Person, die er mit der Wegwarte berührt."

Volksüberlieferung aus Österreich

Das Märchen von der Wegwarte

Vor langer Zeit lebte einmal eine hübsche Prinzessin. Ihr Liebster, ein schöner Prinz, mußte sie jedoch eines Tages verlassen und in ein fernes Land reiten. Traurig stand sie am Fenster des Schlosses und sah, wie er hinter den Hügeln gen Osten verschwand. Von dem Tage an blickte sie jeden Morgen sehnsüchtig in die Richtung und hoffte inständig, daß ihr Geliebter zu ihr zurückkäme.

Auch ihre Kammerzofen trauerten mit ihr und eines Tages wurden sie alle in schöne Blumen verwandelt, die dort am Wegesrand Ausschau nach dem Prinzen halten konnten. So warteten sie und drehten ihre Blütenköpfe jeden Morgen gen Osten zur aufgehenden Sonne. Nach stundenlangem Warten schlossen sie immer wieder enttäuscht ihre Blütenblätter. Doch am nächsten Tag schauten sie wieder hoffnungsvoll zur Sonne. So entstand die Wegwarte.

SCHAFGARBE

24.9. - 23.10.

Schafgarbe: Katzenschwanz, Achilles, Stichelkraut, Schoberkraut, Gänsezungen, Gerbel, Grillenkraut, Judenkraut, Sägekraut, Kelken, Heil der Welt, Sankt Margarethenkraut, Soldatenkraut, Bauchwehkräutl, Dusenblatt, Leiterlichrut, Jungfrauenkraut, Blutkraut, Blutstillkraut, Dusendtacken, Fasankraut, Feldgarbe, Frauendank, Gachelkraut, Grabenkraut, Gotteshand, Grensing, Kachelkraut, Lämmerzunge, Schafzunge, Teekraut, Tausendblatt.

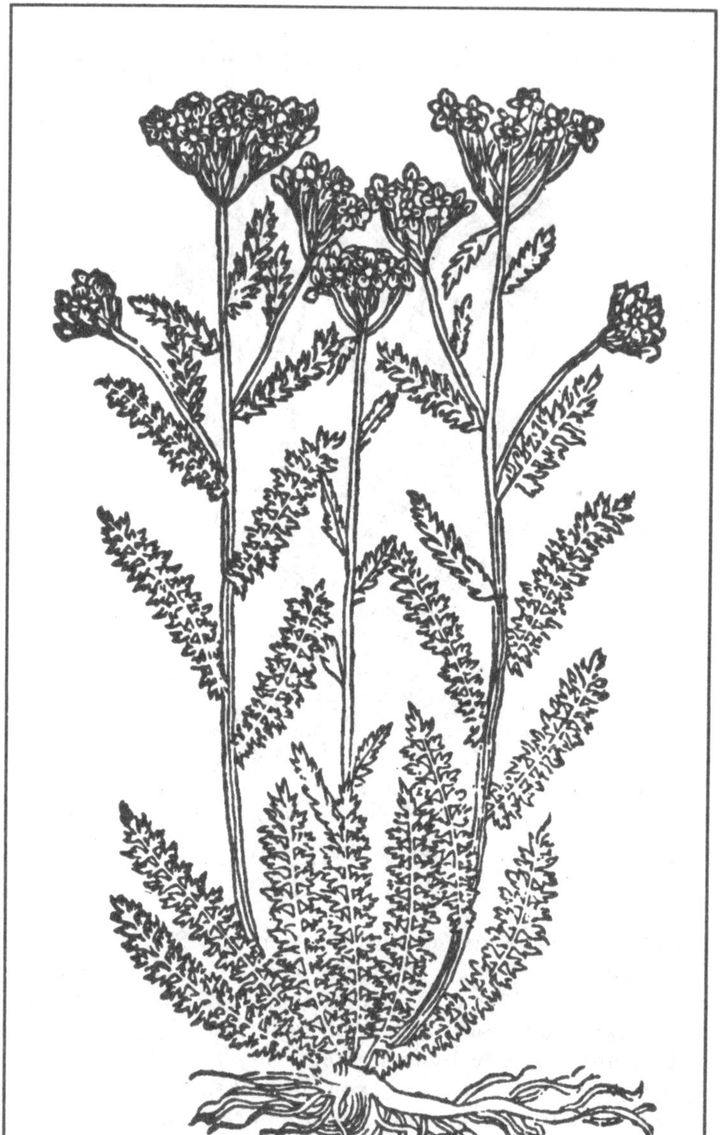

Schafgarbe oder die Augenbraue der Venus
(24.9. - 23.10.)

Die Schafgarbe ist nicht nur hübsch, sie liebt das Schöne in jeder Gestalt.
Ihre heilenden Wirkungen sind zahlreich, die Schafgarbe kann auch in menschlichen Beziehungen sehr heilsam sein, ist sie doch der geborene Diplomat, äußerst taktvoll. Nie wird man von ihr eine scharfe Kritik zu hören bekommen. Sie versteht es, selbst Vorwürfe wie Komplimente klingen zu lassen. Die Schafgarbe hat die besondere Gabe, Menschen zusammenzuführen, sei es privat oder geschäftlich. Sie selbst liebt Geselligkeit und fühlt sich in der Partnerschaft am wohlsten, sowohl im Beruf als auch in der Liebe. Die Schafgarbe strebt nach Harmonie, und durch ihre ausgleichende Art gelingt es ihr auch, eine harmonische Atmosphäre um sich herum zu verbreiten. Für diese Harmonie ist sie sogar bereit, ein bißchen zu schwindeln, das wiederum führt mitunter zu Komplikationen. Man wird von der Schafgarbe höchst selten ein klares "Ja" oder "Nein" zu hören bekommen, sie überlegt, sie wägt ab, bevor sie sich entscheidet, und häufig entscheidet sie sich für ein laues "Jein". Man hüte sich also, von der Schafgarbe eine Entscheidung zu fordern, sie entzieht sich gerne unangenehmen Aufgaben und kann Streit nicht ausstehen.
Dieser heitere, friedliebende Mensch neigt auch ein bißchen zur Bequemlichkeit und wird plumpen, lautstarken Menschen, die Forderungen stellen, möglichst aus dem Weg gehen.
Dies tut sie in ihrer charmanten Art so taktvoll, daß der andere gar nicht merkt, daß er in ein Fettnäpfchen getreten ist.

"Das ist ein lufftigs zeiche / mittelmessig drucken / weiblich / hat an den menschen innen den bauch oder Nabel. Die Kreutter so dem Zeichen undergeben / sind fast gut zu dem bauchweh / zu den Kranckheiten der Nieren / verstellung der roten Rur / und der frawen zeit / wider das reissen in dem Bauch / diß kraut gesotten und uberlegt.Also auch zu den geschwulsten deß leibs / zu der darmsucht / zu dem Grimmen und anderen mehr kranckheiten die den Bauch anlangen. Diß kraut hat schöne subtile / zarte / dünne / gespitzte / klein zanlechte / schwälkerte blettlein. Derweg ist der safft von diesen Blettern fast gut auffzuheben umb seines guten geschmcks wille/ und sonderlich den frawen gut zu der geburt / die gibt fast schöne blumen / mit besonders groß / sind oben offen / eines fast lieblichen geruchs / eines rässen geschmacks."

Augenbraue der Venus

"Supercilium Veneris" hieß die Schafgarbe in den Handschriften des frühen Mittelalters: die Augenbraue der Venus. Als altes Frauenheilkraut - auch "Frauendank" genannt - war sie dem Planeten Venus zugeordnet. Der neuere lateinische Name "Achillea millefolium" geht auf den Namen des berühmten Helden Achilles zurück, der beim Kampf um Troja von einem Pfeil an der Ferse verwundet wurde. Angeblich riet ihm Aphrodite, diese Verletzung (sie heißt ja heute noch Achillessehne bzw. - ferse) mit der Schafgarbe zu heilen. "Millefolium" heißt Tausendblatt. In weiteren Bezeichnungen wie "Tausendblättriges Soldatenkraut", "Beilhiebkraut" (Estland) oder "Wundheiler" (Friesland) und "herbe de carpentiers" (Zimmermannskraut, Frankreich) wird die Verwendung der Schafgarbe ausgedrückt.

"Bauchwehkraut" (in Österreichischen Gegenden) oder "Schlafblum" (Frankreich) weisen auf eine andere Nutzung der Pflanze hin. Schließlich bedeutet der Name "Schafgarbe" soviel wie "Schaf-Gesundmacher", wobei der zweite Teil vom althochdeutschen garwe = Gesundmacher kommt. Offensichtlich wählten die Schafe bei bestimmten Krankheiten diese Pflanze, um sich selbst zu heilen. Vielleicht wurde sogar damit die gefürchtete "Drehkrankheit" der Schafe, die durch den Hundebandwurm übertragen wird, bekämpft.

Das "Tausendblatt"

Die Schafgarbe gehört zur Familie der Korbblütler. Aus dem kriechenden Wurzelstock entwickelt sich eine Blattrosette, die schon im zeitigen Frnhjahr zu sehen ist, da die Schafgarbe eine ausdauernde Pflanze ist und mit einigen Blättern überwintert. Der ca. 30 bis 70 cm hohe und runde Stengel trägt wechselständige fein gefiederte Blätter, die zu dem Namen "Tausendblatt" führten. Die Blütenschirme bestehen aus vielen weiß bis rosafarbenen Körbchen.

Sie wächst auf Wiesen, an Wegrändern, bevorzugt stickstoffreichen Boden und hat einen günstigen Ein-

fluß auf die Bodengare, wo sie die Kalk- und Kaliprozesse der Erde beeinflußt.
Im Frühjahr werden die jungen Triebe gesammelt. Sonst wird die blühende Pflanze von Juni - September geerntet, gebündelt und an einem schattigen Ort getrocknet.

"Heil der Welt"
"Viel Unheil bliebe den Frauen erspart, würden sie ab und zu einmal nach der Schafgarbe greifen!" Das riet Pfarrer Kneipp und rief damit ein altes Frauenheilmittel wieder ins Bewußtsein. Schafgarbe hilft bei Menstruationsstörungen, Unterleibskrämpfen und Ausfluß. Auch während der Wechseljahre wirkt sie ausgleichend.
Die Schafgarbe unterstützt den Blutkreislauf, regelt Bluthochdruck und hat eine zusammenziehende Wirkung auf Venen, weshalb sie auch bei Hämorrhoiden und Krampfadern anzuwenden ist.
Auf die Verwendung als Wundkraut weisen die vielen volkstümlichen Bezeichnungen für die Schafgarbe hin. Sie hilft aber auch bei Appetitlosigkeit und Magenkrämpfen, regt die Drüsentätigkeit der Verdauungsorgane an. Durch ihren hohen Kaliumgehalt stärkt sie Nieren und Blase und regt diese an, ohne sie zu reizen. Weil sie auf so verschiedene Krankheitsbilder angewandt werden kann, erhielt sie auch den Beinamen "Heil der Welt". Besonders interessant: die Schafgarbe gleicht z.B. zu starke wie auch zu schwache Monatsblutungen aus. Man kann mir ihr Nasenbluten stoppen aber auch erzeugen (frischer Saft in die Nase geträufelt und hochgezogen stillt das Bluten; frische Blätter in die Nase eingeführt, rufen Nasenbluten hervor - siehe letzten Teil!). Schafgarbe heilt Hautausschläge, kann aber auch bei empfindlichen Menschen Allergien verursachen.
Deshalb müssen bei der Schafgarbe die genauen Dosierungen eingehalten werden, um nicht z.B. einen Umkehreffekt zu erzielen. Eine Schafgarben-Kur sollte nicht länger als vier Wochen dauern.

REZEPTE:

Schafgarben-Tee:
Je Tasse Wasser 2 Teelöffel von Kraut und Blüten. Davon einen Aufguß bereiten. 2 - 3 mal täglich 1 Tasse trinken (am besten schluckweise).
Anwendung: Menstruationsstörungen, Unterleibs- und Magenkrämpfe, Ausfluß, Wechseljahre, Regulierung des Blutkreislaufs, Stärkung und Anregung von Nieren und Blase, Appetitanregung und Regulierung der Verdauung.

Schafgarben-Frischsaft:
Junge Blätter werden in den Entsafter gegeben. Der konzentrierte Saft wird mit gleichen Teilen Molke oder Wasser verdünnt. 3 Eßlöffel täglich.
Anwendung: siehe Tee.

Äußere Wunden (Stiche, Schnitte oder Schürfungen) werden mit Auflagen von frischen, zerquetschten Schafgarbenblättern behandelt.

Die Kur mit Schafgarbensaft oder -tee wird verstärkt durch gleichzeitige Behandlung mit Kompressen, die mit heißem Schafgarbentee getränkt werden und im Kreuzbeinbereich aufgelegt werden. Mit einem Handtuch und Decke die Wärme halten.
Den Tee kann man auch bei Rheuma, Unterleibsbeschwerden-, Nieren- und Blasenleiden als Zusatz beim Baden verwenden.

Als starker Aufguß kann er auch als Gesichtswasser benutzt werden (gut gegen Mitesser).

Schafgarben-Salbe:
Ungefähr 100 g reines Schweineschmalz mit ca. 15 g Schafgarbenblüten und 15 g Himbeerblättern (beide gut zerkleinern) erhitzen, verrühren und von der Herdplatte nehmen. Über Nacht stehenlassen, am nächsten Morgen das Ganze noch einmal erwärmen, durch ein Leinentuch pressen und in Gläser abfüllen. Im Kühlschrank aufbewahren.
Anwendung: Salbe für Hämorrhoiden.

Green Arrow, green Arrow, you bears a white blow,
If my love love me my nose will bleed now;
If my love don't love me, it 'ont bleed a drop;
If my love do love me, 'twill bleed every drop.

(Grüne Schafgarbe, grüne Schafgarbe, du hast eine weiße Blüte,
Wenn mich mein Liebster liebt, wird meine Nase jetzt bluten,
Wenn er mich nicht liebhat, wird sie keinen Tropfen bluten,
Wenn er mich liebhat, wird sie jeden Blutstropfen geben.)

Britten and Holland:
Dict. of Engl. Plant-Names (1878)

Yarrow, sweet yarrow, the first that I have found
In the name of Jesus Christ, I pluck it from the ground;
As Joseph loved sweet Mary and took her for his dear,
So in a dream this night, I hope, my true love will appear.

(Schafgarbe, liebe Schafgarbe, die erste die ich gefunden habe im Namen Jesu Christi, ich pflücke dich von der Erde; wie Joseph seine liebe Maria liebte und zu seiner lieben Frau nahm, so soll mir diese Nacht im Traume, hoffe ich, meine Liebste erscheinen.)

Dyer: Folklore of flaut, 1880

Plinius berichtet: Als Achilleus bei dem kräuter- und heilkundigen Chiron am Pelion in der Lehr war, lernte er die wunderwirkende Kraft der Schafgarbe kennen. Er heilte mit dieser Pflanze Thelephos, den König von Mysien, und so erhielt das Kraut den Namen Achillea.

In Frankreich heißt die Schafgarbe "Herbe de Saint Joseph" nach folgender Legende: "Als der heilige Joseph bei seiner Zimmermannsarbeit sich eine Verletzung zuzog, brachte das göttliche Kind ihm die Schafgarbe, die seine Wunde sogleich schloß."

"Gedeihen Schafgarbe und Löwenzahn,
ist's um den Menschen wohlgetan."

Mittelalterlicher Bauernspruch

"Die Alten rieten, daß immer Schafgarbe ›zur Sicherheit‹ im Geräteschuppen hängen sollte; und so kam es dazu, daß man glaubte, daß die Pflanze den Schuppen vor Dieben schützte. Dies wieder ein wunderbares Beispiel dafür, wie oft sich Vernunft in der Magie verbirgt: Schafgarbe stillt Blut - in Frankreich ist sie als Zimmermannskraut bekannt. Welchen besseren Grund könnte es geben, ein Bündel davon griffbereit im Schuppen hängen zu haben? Die Alten empfahlen auch, daß die Schafgarbe um die Griffe der Geräte für die Arbeit draußen gewickelt werden sollte."

Was die Kräuterhexen sagen, 1983

"Die Schafgarbe ist etwas warm und trocken, und sie hat gesonderte und feine Kräfte für Wunden. Denn wenn ein Mensch durch einen Schlag verletzt wird, wäscht man nachher die Wunde mit Wein, und es soll in Wasser mäßig gekochte Schafgarbe, nachdem das Wasser mäßig ausgepreßt wurde, so warm über jenes Tuch leicht gebunden werden, das auf der Wunde liegt. Und so nimmt sie der Wunde die Fäulnis und die Schwären, das heißt das Geschwür, und sie heilt die Wunde. Und so geschehe es oft, solange es nötig. Aber nachdem die Wunde begonnen hat, sich ein wenig zusammenzuziehen und zu heilen, dann soll nach Wegwerfen des Tuches und ohne (das Tuch) die Schafgarbe auf die Wunde gelegt werden, und sie wird umso gesünder und vollkommener geheilt. Wer aber im Körperinnern eine Wunde erhielt, sei es, daß er durch Spieße verwundet oder daß er innerlich zusammengeschnürt wurde, der pulverisiere diese Schafgarbe, und er trinke jenes Pulver in warmem Wein, bis er geheilt wird."

Hildegard von Bingen (1098 - 1179)

Nach einem alten "Zauberbuch" ("Vom Landgrafen zu Hessen") kann man durch das "Sanct Margarethenkraut" (Schafgarbe) gutes Glück zum Spielen haben: "Nim Sanct Margarethenkraut, da findet man es, 8 Tage vor und 8 Tage nach Margarethen. In der Wurzel deßelbigen Krautes findet man rothe Würmer, nim derselben 3 Stück, und trage sie bei dir auf der rechten Seiten, in einem saubern Tüchlein, in einen Beutel, so hast du Glück und ist solches Probat. Dieses Kraut muß in zunehmendem Mond gegraben - wo dann die rothen Würmer gefunden werden."

KALMUS

24.10. - 22.11.

Kalmus: Deutscher Ingwer, Siggewurzel, Ackermagenwurzel, Ackermann, Kolmes, Magenwurz, Magenbrandwurzel, Bajonettstangelwurzel, Ackerwurtz, Kalmede, Kalms.

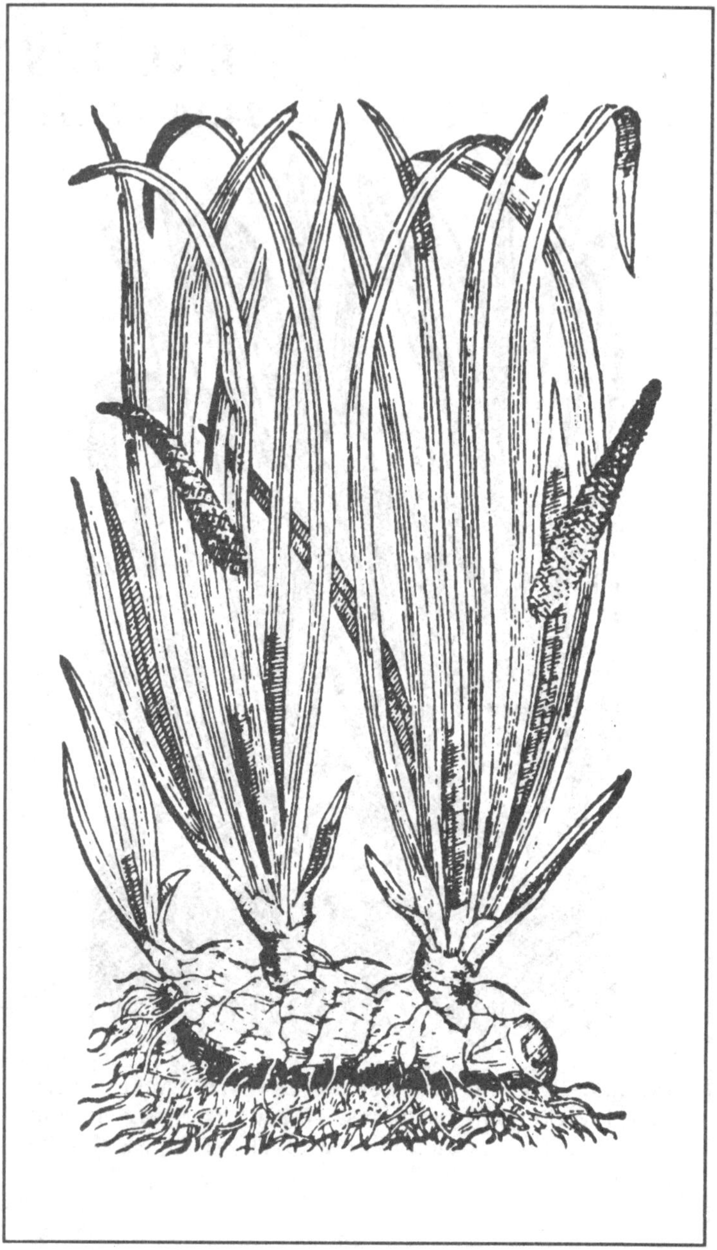

Kalmus oder die Wurzel der Säfte
(24.10. - 22.11.)

Der Kalmus ist eine Sumpfpflanze, und diese Menschen sind ebenso tiefgründig und schwer zu durchschauen wie ein Moor. In ihnen brodeln Gefühle und Leidenschaften, und sie sind zu tiefen Gefühlserlebnissen fähig.
Der Kalmus ist ein Kämpfer, oft steht er allein gegen seine Umwelt, ja er scheint sogar die Opposition zu suchen und genießt es, Widerstände zu überwinden. Doch mit der gleichen Leidenschaft bekämpft er seine eigenen Schwächen, denn er strebt nach Vollkommenheit.
Dieser geheimnisvolle Mensch verachtet das Mittelmaß, für ihn gibt es nur "entweder oder", er ist sowohl besitzergreifend und eifersüchtig, als auch selbstlos und aufopferungsbereit, wenn dies die Situation erfordert.
Für ihn liegen Liebe und Haß dicht beieinander. Wenn er liebt, liebt er absolut und leidenschaftlich. Doch wehe, wenn man den Kalmus verletzt.
Er besitzt die Gabe, einen Menschen völlig zu durchschauen und weiß genau, wie er jemanden am meisten treffen kann. Der Kalmus kann sehr rachsüchtig sein und wird diese Rache sehr subtil und gründlich ausüben, wenn er sich verletzt fühlt.
Doch mit der gleichen Intensität steht er zu Freunden und den Menschen, die er liebt. Einen treueren, loyaleren Freund als den Kalmus wird man kaum finden. Allerdings muß man, besonders in der Liebe, bedenken, daß der Kalmus ein totaler Mensch ist und ein leidenschaftliches Interesse an Geist, Gefühlen und Ideen anderer Menschen hat. Durch seine starke Ausstrahlung zieht er andere Menschen magisch an.

"Der ist ein wässerigs / kalt vn feucht zeichen / hat innen am menschen das Gemächt vnd heimlichs ort / Die kreutter so dem zugethan / sind nur zu den schäden deß heimlichs orts zugebrauchen / als wider böse geschwer / für die rinnende Frantzosen / schlier vn Kolben / wider harnwinden vnd pestilentz / die bletter gesotten vnd ubergelegt / Dann es ist die beste artzney /

da man ein Kraut zu einer kranckheit gebraucht / dahin es gehörig ist / aber wenig wissents. Vnd also ist diß kraut zu mehrern schäden vn kranckheiten deß gemächts / und sonderlich zu den rinnenden schäden zugebrauchen."

Der "deutsche Ingwer"

Der Kalmus stammt ursprünglich aus Asien und wurde wahrscheinlich durch die Tataren im 13. Jahrhundert nach Osteuropa gebracht. Sie benutzten die Pflanze zur Desinfektion des Trinkwassers. Erst 1574 kam der Kalmus nach Österreich, von dort verbreitete er sich über ganz Europa. Der ingwerähnliche Geschmack brachte ihm den Beinamen "deutscher Ingwer"ein.

Mit dem Geruch von Mandarinen...

Kalmus ist eine Sumpfpflanze wie das Schilf. Er gehört zur Familie der Aronstabgewächse, ist eine sehr kräftige Wasserpflanze und wächst an Flußufern, Teich- und Bachrändern. Da in unserem Klima die Samen nicht zur Reife gelangen, vermehrt sich der Kalmus durch Wurzelstockvermehrung. Die Wurzel gräbt sich tief in den Schlamm und breitet sich bis zu einem Meter aus. Der angenehme Geruch der Wurzel erinnert an den Duft von Mandarinen, der Geschmack ist würzig und bitter. Manchmal wird sie zur Aromatisierung von Branntwein, Bier oder Gerichten verwandt.

Aus der Wurzel sprießen die schwertförmigen Blätter bis zu 1,5 Meter über die Wasseroberfläche. Aus dem Pflanzenstengel bricht zur Blütezeit im Juni/Juli ein langer Blütenkolben hervor.

Der Wurzelstock wird im September/Oktober geerntet, gereinigt und in kleinen Stücken getrocknet.

Bittermittel und Aphrodisiakum

Die Wirkstoffe des Kalmus wirken besonders gut auf die Funktion von Magen und Darm. Er ist ein Bittermittel, das appetitanregend ist, Fäulnisprozesse und Blähungen im Darm verhindert und den Säurehaushalt des Magens ausgleicht.

In den Ländern des Orients gilt der Kalmus als Aphrodisiakum. Vielleicht wäre eine Erklärung dafür, daß die Pflanze den Stoffwechsel auf Touren bringt, die müde machenden Schlacken abführt und den Blutumlauf beschleunigt, also ein "Muntermacher" ist. Die getrockneten Kalmusstückchen gekaut, festigen das Zahnfleisch, helfen bei Zahnschmerzen und vermehren den Speichelfluß. Auch sollen sie den Rauchern, die gerade eine Entwöhnung machen, ihre Gelüste überwinden helfen. Kleinkindern gab man Kalmuswurzeln zum Kauen, damit die Zähne leichter zum Durchbruch kamen.

REZEPTE

Kalmustee:
Kalmestee wird kalt angesetzt. Pro Tasse 1 Teelöffel Wurzeln in 1/4 Liter Wasser über Nacht ziehen lassen. Morgens wird er leicht angewärmt und abgeseiht. Täglich 2 - 3 mal eine Tasse.
Anwendung: Magen-, Darmbeschwerden, Funktionsverbesserung des Stoffwechsels.

Wurzelstücke
Kleine Stückchen der getrockneten Wurzel langsam im Mund zerkauen.
Anwendung: Raucher-Entwöhnung, Kräftigung des Zahnfleisches, Zahnschmerzen, Appetitanreger und Magenmittel.

Badezusatz:
Ein halbes Pfund Wurzeln über Nacht in 5 Liter Wasser kalt ansetzen. Am nächsten Tag kurz aufkochen, ziehen lassen und dem Badewasser zufügen.
Anwendung: Allgemeine Stärkung, Anwendung bei Frostbeulen und Durchblutungsstörungen.

Zu Pfingsten treiben die Kinder in der Mark Brandenburg einen schwunghaften Handel mit den duftenden Schäften. Die Landleute stecken sie mit Pfingstmaien zusammen an die Fenster und hinter die Spiegel. Die Fronleichnamsprozession schmückt diese frischgrüne Pflanze. Ein

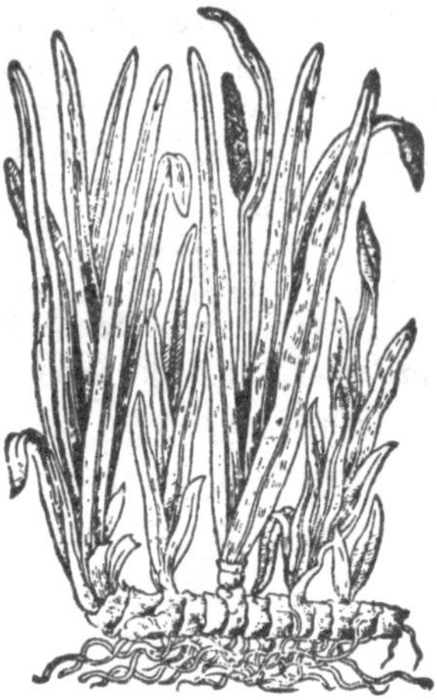

slawischer Brauch scheint es zu sein, den Kalmus als Glücksbringer auch vor die Haustüren zu streuen.

Matthiolus erzählt sehr interessant, daß die Pflanze bei den Tataren "Tatarsky" genannt wird. Sie trinken kein Wasser, ohne vorher die Wurzel hineingelegt zu haben. Sie scheint die Infektionsstoffe an sich zu ziehen.

"Die Wurzel wärmet und trucknet, eröffnet und macht dünn, ist eine von den besten Magenwurzeln, sonderlich gut dem kalten, schwachen Magen, stärket und erwärmet denselben, macht guten Appetit, befördert eine richtige Dauung. Zerteilt die Blähungen, eröffnet die kalte Verstopfung der Leber und Milz, dient wider die bleiche Farbe der Jungfrauen, befördert die verhaltene Monatszeit, tut guten Effekt in den kalten Zufällen der Brust, löset den zähen Schleim in der Lunge und schafft ihn durch den Auswurf fort. Stärket den schwachen und erkälteten Magen, verzehrt die schädlichen Feuchtigkeiten darinnen, vertreibt den Magenschmerz, stillt den Ekel des Magens und das Erbrechen."

Altes Kräuterbuch

In der Bibel wird Salomos Geliebte mit "Narde und Safran, Kalmus und Zimt, mit allerlei Bäumen des Weihrauchs, Myrrhen und Aloe" verglichen.

In einer oberpfälzischen Sage bringen Kinder "schlechten Kalmus" zum Holzweiblein und fragen, wozu denn der schlechte Kalmus gut sei. Da kommt ein Männlein und ruft dem Holzweiblein zu: "Anna Brigl (Brigitte), alles darf man sagen, nur nicht für was der schlechte Kalmus gut ist."

BRENNESSEL

23.11. - 21.12.

Brennessel: Heiternessel, Habernessel, Estekraut, Tausendnessel, Scharfnessel, Eselskraut, Donnernessel, Hanfnessel, Saunessel, Große Nessel, Senznessel, Senznettel, Nessle, Nettel.

Brennessel oder die Pflanze des Feuers
(23.11. - 21.12.)

Ebenso wie diese Pflanze für ihre brennenden Stiche, ist dieser Mensch für seine Offenheit, die mitunter für ihre Umgebung auch schmerzhaft sein kann, denn die Brennessel liebt die Wahrheit - ihre eigene - und scheut sich nicht, anderen ihre Meinung schonungslos mitzuteilen.
Aber gerade diese Offenheit macht die Brennessel auch so liebenswert, da sie ihre Zuneigung ebenso deutlich zeigt wie ihre Abneigung. Man fühlt sich automatisch zu diesem unternehmungslustigen, fröhlichen Menschen hingezogen. Mit einer Brennessel wird man sich selten langweilen!
Sie liebt ein aktives, abwechslungsreiches Leben und sorgt selbstbewußt für die erforderlichen Umstände. Da sie vielseitig interessiert und sehr experimentierfreudig ist, kann man von ihr die absolute Treue nicht unbedingt erwarten. Sie schließt leicht Freundschaft und strebt nach Anerkennung im Beruf.
Sie ist bestrebt, mit der Arbeit zu wachsen, und da sie neben ihrer Begeisterungsfähigkeit auch Organisationstalent besitzt, dürfte sie ihre gewünschten Ziele auch erreichen. Nur ihre sprichwörtliche Ungeduld läßt sie manchmal nachlässig werden, da ihr manches einfach zu lange dauert. Die Brennessel besitzt eine unbekümmerte Verantwortungslosigkeit, sie liebt geistige und körperliche Abenteuer. Dieser Freigeist wird selten scheitern, da er sich auf seine Intuition verlassen kann.

"Das ist fewrig / heiß vn drucke / Hat an dem Mensche innen das gercht vn lincks thiech / dz ist von d'wüst oder Schlichten biß auff zd knie. Das kraut ist fast gut zu den geschweren deß thiechs / Zu den andern des thiech(so jemand daselbst verwundt were durch waffen) / wider die geschwulst vn alle kranckheiten daselbst. Auch so jemand an den knien krumb / oder ihm die fläx zu kurtz / oder er knincket were / Also auch wider das glidwasser zu den zerfallnen glidern zugebrauchen. Die bletter sind schön / eines guten geschmacks / doch etwas räß und scharpff. Die bletter gesotten vnd an den thiechen ubergelegt / vertreiben die geschwulst / löschen den Brand daselbst."

Der Engel mit der Brennessel

Von Albrecht Dürer stammt ein Bild, auf dem ein Engel mit einer Brennesselpflanze in der Hand zum Thron Gottes emporschwebt. Horaz, Ovid und auch Plinius erwähnten sie. Hieronymus Bock beginnt sein "Kreutterbuch" mit ihr, dem "hitzigen Gewächs". Als Nutzpflanze war sie zur Herstellung von Nesseltuch wichtig, bis die Baumwolle in Mode kam.

Garten der Murmeltiere

Stärker noch als der Löwenzahn gilt die Brennessel als lästiges und besonders hartnäckiges "Unkraut". Sie gehört zur Familie der Nesselgewächse und findet sich auf Brachland, Schutthalden, Gebüsch, an Zäunen, "unaufgeräumten" Gartenecken. Die Brennessel liebt stickstoffhaltigen Boden und gilt als Anzeigerpflanze dafür.

Auf den transbaikalischen Hochsteppen wachsen ganze Nesselfelder auf dem Urin der Murmeltiere, deshalb werden diese Gebiete "Gärten der Murmeltiere" genannt. Die Brennessel kann mit einem Zuviel an Harnstoff gut umgehen und erschließt mit ihren langen und weitverzweigten Wurzeln die Erde für eine neue Humusschicht. Aus dem Wurzelstock erhebt sich der Stengel bis zu über einen Meter Höhe. Die herzförmigen, gezähnten Blätter sind gegenständig angeordnet. An ihren Stielen entwickeln sich die Rispen der kleinen grünen Blüten in der Zeit von Juni bis September. Die gesamte Pflanze ist mit Nesseln, den kleinen stechenden Härchen besetzt. An ihrer Spitze befindet sich ein leicht verletzbares Köpfchen, das bei der geringsten Berührung abbricht und wie eine Spritze in die menschliche Haut eindringt. Das Brennen und Jucken wird durch das Nesselgift, welches u.a. aus Ameisensäure, Histamin und Enzymen besteht, hervorgerufen.

Drei Schmetterlinge, der Admiral, das Tagpfauenauge und der kleine Fuchs, bevorzugen die Brennessel. Sie legen ihre Eier auf die Blätter und die Raupen ernähren sich ausschließlich von ihnen.

Die Apotheke, die dem Menschen folgt

Die Brennessel ist blutreinigend und blutbildend, verdauungsfördernd, entwässernd und schleimlösend. Ihre vielseitige Anwendung macht sie zu einer richtigen "Apotheke", die zudem den Vorteil hat, daß die Brennessel die Nähe der Menschen geradezu sucht. Als Nahrungsmittel - besonders für eine intensive Frühjahrskur - und Heilmittel für den Körperaufbau ist sie unübertroffen.
Der hohe Gehalt an Chlorophyll, Eisen und Vitamin C regt die Blutbildung an. Entwässernd fördert sie die Harnsäureausscheidung. Das hilft bei Rheumatismus, Gicht und Urinverhaltung. Bei Gelenkrheumatismus, Rücken- und Ischiasschmerzen soll das Bernhren der betroffenen Stellen mit der frischen Brennesselpflanze Heilung bringen, da das Nesselgift den Organismus nachhaltig anregt.
Bei Verschleimung von Brust und Lunge wirkt der Tee auswurffördernd. Schließlich wird der Absud als Haarwuchsmittel und gegen Schuppen benutzt.

REZEPTE:

Brennessel-Gemüse:

Die jungen Triebe ergeben im Frühjahr ein aromatisch-würziges Gemüse. Ich dünste sie kurz in etwas Butter mit viel Knoblauch.

Brennesselsaft-Kur:

Der Saft von frischen Brennesseltrieben wird ausgepreßt. Nach dem Kneipp-Schüler Pumpe beginnt die Kur mit einer Tagesdosis von 3 Eßlöffeln Saft. Jeden dritten Tag wird um 1 Eßlöffel erhöht, bis schließlich die Tagesgabe von 10 Eßlöffeln erreicht ist. Der Saft wird im Verhältnis 1:5 mit Wasser oder Buttermilch verdünnt.
Anwendung: Frühjahrskur - reinigt das Blut, regt Niere, Blase, Magen, Bauchspeicheldrüse und Darm an.

Brennessel-Tee:
Mehrmals täglich einen Aufguß von 2 Teelöffeln getrockneten oder einer Handvoll frischen Brennesselblättern.
Anwendung: Blutreinigung, Hautunreinheiten, zum Ausschwemmen bei Rheuma, Gicht, Verschleimung von Brust und Lunge.

Brennessel-Schnaps:
Zwei Handvoll frische Brennesselblätter werden in 1 Liter Korn angesetzt, 4 - 6 Wochen auf einer sonnigen Fensterbank ziehen lassen, abseihen.
Anwendung: Sodbrennen, Magenschmerzen. Äußerlich: Auswaschen von Wunden, Hautunreinheiten, starke Kopfschuppenbildung.

"Brennessel laß dir sagen,
Unsere Kuh (Stier usw.) hat im Fuss die Maden,
Willst du sie ihr nicht vertreiben
So will ich dir den Kragen umreiben"

Hexenspruch

"Die ist för (für) den Ochs,
Die andere ist for den Fuß,
Die dritte ist die heilen muß!"

Birkenfeldischer Zauberspruch

"Ich streue meinen Samen
In neunundneunzigeren Fiebers Namen,
Aber du sollst nicht aufgehn,
Bis daß ich komm und schneid dich ab."

Magdeburger Sympathierezept

"Nessel, Brennessel, grüne Nessel, siehe, ich zerknicke dich. Die Zähne dieses Menschen da schmerzen. Gehe, vertreibe die Würmer, schüttle sie ab! Wenn du sie aber nicht abschütteln willst, werde ich kommen, werde deinen Stamm und dein Geschlecht vernichten, werde auch deine Wurzel verdorren machen."

Mordwinischer Zauberspruch

"Wenn man Bier brauet, soll man einen guten Strauß großer Brennessel auf den Rand des Bottichs legen, so schadet der Donner dem Bier nicht."

Aberglaubensammlung 1707

"(Nessel) wer heiß bornend liebe in sinem hertzen dreit, der sall die sengenden nesseln tragen, sie mag ime blad schade syne als got; der die nesseln mit dene wissen oder roden blueten dreyt, dae hilt ich baß vonn (hielte ich mehr davon)"

"Bedeutung der Blumen und Blätter" von Jacob Grimm, 1813

Bei den Zigeunern ist die Brennessel eine sehr bedeutsame Pflanze, und der Zigeunerforscher v. Wislocki erzählt in "Volksglaube und religiöser Brauch der Zigeuner": "Die Zigeuner Europas glauben, daß es unter der Erde = tele pcuv, ganze Städte und Ortschaften gäbe, welche von den Pcuvush-Leuten (von pcuv = Erde, und manush abgekürzt in ush = Menschen, also Erdmenschen) bewohnt werden, die ein gerade so geregeltes Leben führen wie die Menschen auf der Erde. Sie sind klein und häßlich von Gestalt; ihr ganzer Körper ist dicht behaart... Sie wandeln oft unsichtbar auf der Oberfläche der Erde, indem sie ihre drei auf dem Haupte befindlichen goldenen Haare unbedeckt lassen; bedecken sie sie aber mit der Mütze, so werden sie für jedermann sichtbar. Wer ein Haar vom Leibe eines Pcuvush erlangt, kann damit Steine in Gold verwandeln... Der Eingang nämlich zu ihren unterirdischen Städten ist ein großer, schwerer Stein, von Brennesseln (cadcerli) rings umgeben. Diese Pflanze ist den Pcuvush-Leuten gleichsam geheiligt, daher auch der Name 'Kasta Pcuvushengre' = Holz der Pcuvushe.
Ferner glauben die Zigeuner, daß die Pcuvushe Feinde der Würmer, überhaupt jedes kriechenden Getiers sind, mit Ausnahme der Schnecke, die sie gern essen und die daher auch mit dem Namen 'Gray Pcuvushengre' = Pferd der Pcuvushe, belegt wird... Die geheimnisvollen Erdgeister erscheinen den Zigeunern als gutmütige, friedliche Wesen, die es aber nicht lieben, wenn sie an

ihrem freien Ein- und Ausgang durch die grüne Brennesselpforte auf und unter die Erde gehindert werden. Deshalb sind sie den Besenbindern und Holzfällern feindlich gesinnt. Solche Leute schnitzen nun bei ihrer ersten Ausfahrt in den Wald Figürchen aus Lindenholz, welche einen Pcuvush darstellen, und werfen es als Opfer in den ersten besten Busch."

Als Gespinstpflanze wurde das Kräutlein schon in früheren Jahrhunderten viel benutzt, und auch daran knüpft sich manche alte Kunde. So erzählt man sich zu Eberstein die "Sage von dem hartherzigen Vogt, der einem Mädchen durchaus nicht erlauben wollte, den Schloßgärtner zu heiraten, bevor es nicht zwei Hemden gefertigt hätte. Und zwar sollte es diese aus den Nesseln weben, die auf dem Grabe seiner Eltern wuchsen. Das eine durfte sein Brauthemd werden, das andere aber des Vogts Leichenhemd. Nun war das Schwerste an der Aufgabe die Bedingung, daß das Nesseltuch dazu nicht größer sein sollte als genau notwendig. Das Dirnlein wußte nicht, wie es das machen sollte, und saß betrübt im Kämmerlein und weinte. Da erbarmte sich eine gute Bergfrau und half. Da nun die Hemden fertiggestellt waren und die Trauung stattfinden konnte, hörte man auch schon das Totenglöcklein für den bösen Vogt läuten."

BEINWELL

20.12. - 20.1.

Beinwell: Boanwurz, Hälwurzel, Smeerwuttel, Glotwurz, Hasenbrot, Hasenlaub, Himmelbrot, Honigblum, Kuchenkraut, Lotwurz, Milchwurz, Schärzwurz, Schmalwurz, Schwarzwurz, Soldatenwurz, Speckwurz, Wallwurz, Schwarze Waldwürze, Zuckerhaferl.

Beinwell oder die Honigblume
(20.12. - 20.1.)

Es ist nicht ganz einfach, mit dem Beinwell warm zu werden. Wenn er auch Heiterkeit ausstrahlt, geht doch immer eine kaum merkliche Kühle von ihm aus; er wahrt die Distanz.
Der Beinwell beherrscht sich selbst und sein Leben meisterhaft. Er wurzelt tief und ist fest in der Erde verwachsen. Er braucht diese Sicherheit des äußeren Rahmens, die Wärme und Zuneigung seiner Mitmenschen, vor allem auch deren Anerkennung. Das wird er jedoch selten offen zugeben, im Gegenteil, ein Beinwell kann mit offenen Gefühlsbezeugungen in der Öffentlichkeit sehr geizen.
Der Beinwell ist in jeder Hinsicht eher sparsam, außer bei seiner Arbeitskraft und seinem Arbeitseifer. Diese wird er bis zum Umfallen einsetzen. Er ist nämlich sehr ehrgeizig und strebt nach Höherem, was ihm dank seiner spartanischen Lebenseinstellung und seines unermüdlichen Arbeitseifers auch meist gelingt.
Der Beinwell übersieht leicht, daß es neben der Arbeit und dem Erfolg im Beruf auch ebenso wichtig ist, das Leben zu genießen. Mitunter würde ihn ein Anflug von Leichtsinn (auch was das Geldausgeben betrifft) gar nicht schaden, vorausgesetzt es gelingt ihm, sein schlechtes Gewissen abzuschalten und nicht um das sauer verdiente Geld zu trauern. Dann wird er entdecken, welch ungeahnte Leidenschaften in ihm stecken.

"Der ist irdisch / kalt vnd drucken / hat innen an dem Menschen die Knie / Diese kreutter sind am meißten zugebrauchen / da sich jemands hart zerfallen / die Knie zerknirscht / Knieschieben ausfallet / darein geschlaget were / so jemandt das Gliedwasser gienge vnd er hincket / so er am Knie geschwer hette / soll man ihmmit diesem Kraut helffen / Dergleichen mag man diß Kraut brauchen zu allen Kranckheiten des Knies. Die wurtz ist auch / eines vnlieblichen geruchs / am geschmack bitter /Wievol die wurtz mager ist / doch soll man sie zerstossen / vnd den Safft darauß nemmen / der ist gut zu den geschwollnen vnd verruckten Glidern."

Die Pflanze des Saturn
Dioskorides erwähnt den Beinwell in seiner "De Materia Medica Libri" im 1. Jahrhundert n. Chr. Als Militärarzt hatte er sicher viel mit Verstauchungen, Knochenbrüchen und Wunden zu tun, den Anwendungsgebieten, in denen der Beinwell auch heute benutzt wird.
Der alte Beinwell-Name ist "Wallwurz" (wallen = zusammenwachsen) und bezieht sicht darauf, daß Auseinandergeratenes wieder zusammengefügt wird.
Nicholas Culpepper (Arzt und Astrologe im 17. Jh.) schrieb in seinem Kräuterbuch über den Beinwell:
"Dies ist eine Pflanze des Saturn, ich nehme an, sie steht unter dem Zeichen des Steinbocks, kalt, trocken und erdig in ihrer Qualität."

Comfrey und Beinwell
Beinwell ist ein Borretschgewächs und bevorzugt feuchte Standorte, wie Bachränder, Gräben und Auwiesen. Unser einheimischer Beinwell hat den Namen "Symphytum officinale "; das "Symphytum peregrinum" (lat. "Beinwell, der aus der Fremde kommt") ist eine Kreuzung mit einer kaukasischen Beinwellart und wird auch "kanadischer Beinwell" oder Comfrey genannt. Der Comfrey wird größer als unser Beinwell, seine Stengel und Blätter sind nicht so borstig behaart und können gut als Futterpflanze verwandt werden.

Bringt "zerknirschte" Glieder wieder zusammen...
Die mittelalterlichen Heilkundigen bevorzugten Beinwell gegen Knochenbrüche. Sie gruben die schwarze Wurzel im Frühjahr oder Herbst aus, trockneten sie und rührten sie gemahlen zu einer Paste, die wie ein Wundpflaster aufgelegt wurde.
Adamus Lonicerus schrieb 1679: "Die Wurtzel zerstossen / und auf zerknirschte Glieder gelegt / heilet sie zu hand."

Der Beinwell enthält im besonderen Maße "Allantoin", das zusammen mit den anderen Wirkstoffen der Pflanze Wunden reinigt und heilt. Die Schleim- und Gerbstoffe eignen sich für die Behandlung von Magen- und Darmkrankheiten.

REZEPTE:

Beinwell-Salbe:
Ca. 1 Pfund frische Beinwellwurzeln werden sauber gebürstet und kleingeschnitten. 1/2 Liter kaltgepreßtes Olivenöl und ca. 80 g Lanolin werden in einem Topf erhitzt und die Wurzelstückchen dazugegeben. Das Ganze etwa 20 Minuten bei gleicher Hitze halten, aber nicht kochen lassen und ständig umrühren. Danach wird die Masse durch ein Tuch gedrückt und in den Topf zurückgegeben. Jetzt wird 20 g gereinigtes Bienenwachs geschmolzen und in die fertige Mischung eingerührt. Nochmal erwärmen, damit sich alles vermischt, dann abfüllen und kühl aufbewahren (hält sich ca. 1 Jahr)
Anwendung: Die Salbe wird aufgetragen bei Wunden, Narbenschmerzen, Sehnenscheidenentzündung, Kniegelenksbeschwerden, Blutergüssen, Gicht, Arthrose.

Beinwell-Pulver:
Die zerschnittenen Beinwellwurzeln werden gut ausgebreitet auf einem Tuch in der prallen Sonne getrocknet (oder auf einem Backblech im Ofen). Dann im Mörser zerreiben oder in der Kaffeemühle fein mahlen.
Anwendung: Für Umschläge bei Unterschenkelgeschwüren, Arthrose, Gicht, Knochenerkrankungen, Heilung von Knochenbrüchen wird das Pulver mit heißem Wasser zu einem Brei verrührt und auf die betreffenden Körperstellen gestrichen. Mit einem Tuch abdecken und über Nacht einwirken lassen. Dazu kann man auch einen Brei aus frisch zerstampften Wurzelstücken nehmen.

Beinwell-Tee:
Getrocknete Wurzelstücke (müssen gut getrocknet und vor Feuchtigkeit geschützt werden) - pro Tasse Wasser 1 Teelöffel - werden kurz aufgekocht. Der Tee wirkt innerlich unterstützend bei den aufgeführten Beschwerden.
Zur Beschleunigung der Heilung kann auch das Wurzelpulver innerlich zur Unterstützung der äußerlichen Anwendung eingenommen werden (Pulver anfeuchten und mit Tee oder Honig zu kleinen Klumpen formen, 3 x täglich 1 Teelöffel). Beinwellblätter werden im Frühjahr für Salat, Gemüse oder grüne Suppe verwandt.

"Diese Wallwurz gehet etwann zweyer Elen lang in die Erde / ist außwendig kohlschwarz / innwendig gar weiß / glat und schlüpfferig / hat große rauhe Blätter / fast wie Alant / hole / rauhe und hohe Stengel / bekommt runde / hole / geschelte Blümlin / wie Schlüsselblumen / etliche bleich / weißgeel / etliche braunlichtblau / tragen den Saamen in grünen Häußlin / wie Borrichkraut / wächst gern an feuchten Ufern und Auen / und pflantzt sich weit."

Adamus Lonicerus 1679

Beinwell ich will dich behalten
Für das faule Fleisch
Und für die Mutter und für das Gliedwasser
Inwendig und auswendig
Daß du heilest allen Schmerz und alle Schäden

Byron: Denkmäler

Über das Heilen von Brüchen (Hernien) bei Mensch und Tier gab eine aus Otterbach (Kanton Bern) gebürtige Frau einem Volkskundler folgendes an:
"Man nimmt den Kot des Bruchleidenden, gräbt gegen die Morgensonne, am besten an der Ostecke des Hauses, ein kleines Grübchen, legt den Kot hinein und pflanzt darauf ein Wurzelstückchen von der Walwurz (Beinwell = Symphytum officinale) und deckt alles wieder im Namen des Vaters, des Sohnes usw. zu.

Sobald die Wurzel treibt, wird auch der Bruch heilen und beim Erscheinen des ersten Blattes völlig verschwunden sein."
Die Frau behauptete, ihr Vater schon und auch sie selbst hätten das Mittel an Schweinen, Ziegen und ebenso an Menschen, ja sogar an sich selbst mit bestem Erfolg angewendet.

"Kocht Beinwell und Baldrian, wird die Pest ein Ende han."

"Brüht Benwell, brüht Benwell, dat ja nicht stärft so schnell."

Alte Pestsprüche

"Die schleimige Substanz der Wurzel, in einem Topf Bier zubereitet und als Trank gegen Schmerzen in der Backe gegeben, die man durch irgendeine zu heftige Bewegung oder durch zuviel Gebrauch der Frauen bekommen hat, heilt in vier oder fünf Tagen denselben vollkommen."

The Herbal, 1597

Die Zigeuner nannten die Beinwurz "Eselsohr" oder auch "Diklokraut": 'Diklo' ist die Jungfräulichkeit, die Blume der Jungfrau... Das 'Diklokraut' ist eine Heilpflanze, die zwar ein zerrissenes Hymen nicht ersetzen kann, jedoch die Kraft besitzt, die frischen, noch nicht entzündeten Wunden zu vernarben. Es ist verständlich, daß es mir nicht erlaubt ist, das Geheimnis der Beinwurz und die damit verbundenen Tricks zur Wiederherstellung der Jungfernschaft und zur Vortäuschung der Unberührtheit zu enthüllen. Schade, denn es wäre mir ein Vergnügen gewesen, es den falschen Jungfrauen beizubringen."

Die geheime Heilkunst der Zigeuner, 1981

MELISSE

21.1. - 19.2.

Melisse: Zitronenmelisse, Zitronenkraut, Zitronellkräutl, Bienenblatt, Frauenkraut, Herztrost, Immenblatt, Römische Melisse, Gartenmelisse, Frauenwohl, Wanzenkraut, Pfaffenkraut.

Melisse oder das Zitronenkraut
(21.1. - 19.2.)

Die Melisse ist ein ruheloser Geist. Man findet sie dort, wo viele Menschen sind.
Als regelrechte Bienenweide liebt sie Gesellschaften und schart viele Freunde um sich. Immerzu lernt sie neue interessante Menschen kennen.
Sie will sich weiterentwickeln, tut dies auch ständig, und deshalb läßt sie manche Dinge und auch Menschen scheinbar achtlos hinter sich. Doch sollte man Hilfe benötigen, ist sie sofort zur Stelle. Sie will die Welt verbessern, kämpft für Ideale und andere Menschen.
Dank ihrer unkonventionellen Art ist sie für alles offen, sie hat ein allumfassendes Interesse an der Welt und entwickelt sich ständig. Vorurteilslos geht sie auf alles Neue zu.
Die Melisse ist sehr originell und erfinderisch. Oft kann man eine Melisse an ihrem lauten Lachen erkennen, sie versteht es, das Leben mit Humor zu nehmen.
Ihre Liebe zur Ungewöhnlichkeit zeigt sich häufig auch in ihrer Kleidung und Wohnungseinrichtung. Doch sind ihr materielle Dinge weniger wichtig als ein interessantes Leben, und oft hat man den Eindruck, daß sie eher "Typen" sammelt, als Gegenstände.

"Dieß ist ein bestendigs zeichen / lüfftig / warm vn drucken / hat schöne liebliche zarte Kräutter / hat an dem Menschen innen / die beyde Schenckel von den Knien ab und ab biß auff die Solen. Die Kräutter sind am meisten zugebrauchen zu den Kranckheiten der Schenckeln / als nemblich zu den Geschwulsten vnd Geschweren der Schenckel / zu den Beinbrüchen / das Kraut vbergelegt / zu dem Lohfewer daselbst / zu den Geschweren an den Knoden / und zu allen Kranckheiten die daselbst sein mögen. Die Bletter sind schön / lind / breit / gescheibt / mit kleinen Zänlein / äschenfarb / geben ein wenig fleißtigkeit / haben einen wolriechenden vnd lieblichen Geschmack / doch etwas räß auff der Zung."

Herztrost und Bienenweide
Ursprünglich stammt die Melisse aus dem Orient, ist aber schon früh im gesamten Mittelmeerraum verbreitet. Sie gilt als vorzügliche Honigpflanze für die Bienen. Deshalb ist der griechische Name "melissa" Synonym für Pflanze und Biene. Virgil und Plinius berichten, daß mit Melissenblättern neue Bienenstöcke ausgerieben wurden. Columella machte sogar den Versuch, die Bienenkönigin einzufangen, indem er seine Hände mit Melissensaft einrieb.
Die heilige Hildegard schrieb über die Melisse, daß sie zum Lachen anregt, weil sie das Herz freudig erregt. Daher heißt sie volkstümlich auch "Herztrost". Ihre große Stärke als Heilpflanze liegt in der Stärkung von Nerven, Herz und Magen.

Ein Liebling alter Kloster- und Bauerngärten
Die Melisse war in den alten Kloster- und Bauerngärten ein wichtiges Heilkraut. Auch heute wächst sie in vielen Kräuter- und Obstgärten. Die Melisse ist ein Lippenblütler und bevorzugt lockeren, humusreichen Boden mit viel Sonne und Windschutz. Sie drängt sich in dichten Büscheln, oft meterhoch. Ihr Stiel ist vierkantig und leicht behaart. Die Blätter wachsen gegenständig und sind oval, spitzzulaufend und an den Rändern gezackt. Zerreibt man die Blätter zwischen den Fingern, entströmt ihnen der typische Zitronengeruch, was der Melisse auch den Beinamen "Zitronenkraut" gegeben hat.
Ende Juni bis September kommen in den oberen Blattachseln die weißen Blüten mit ihrem Nektarreichtum und dann auch die Bienen.
Die Blätter der Melisse werden kurz vor der Blütezeit geerntet und rasch im Schatten getrocknet.

Das Melissenwasser"
Das berühmt gewordene Melissenwasser wurde von Mönchen hergestellt und die Zusammensetzung jahrhundertelang als Geheimnis gehütet. Sie nahmen dazu außer Melissenblätter Zitronenschalen, Gewürznelken,

Zimt, Muskatnuß, Koriander und Weißwein. 1826 destillierte dann die Barfüßer-Karmeliterin Maria Clementine Martin, die von Napoleon aus ihrem Brüsseler Kloster vertrieben worden war, in Köln erstmals jenes "ächte Melissenwasser", das sich heute in jeder dritten Hausapotheke befindet.
Alle Melissenzubereitungen haben eine beruhigende Wirkung auf das Nervensystem, das Gehirn und wirken schmerzstillend, krampflösend. Früher galt die Melisse auch als Universalmittel für alle möglichen Beschwerden. Die Melisse gilt als ein besonders gutes Mittel für Frauen. Krämpfe im Unterleib, nervöse Störungen, Schlaflosigkeit, Menstruationsbeschwerden oder Erbrechen und Übelkeit während des Schwangerschaftsbeginns werden von den ausgleichenden Wirkstoffen der Melisse beseitigt. Sie wirkt milder als die Pfefferminze, kann aber bei stärkeren Beschwerden von ihr gut unterstützt werden.

REZEPTE:

Melissentee:
1 - 2 Teelöffel getrocknete Melissenblätter je Tasse. Kochendes Wasser aufgießen und kurz ziehen lassen. Je nach Beschwerden 2 - 3 Tassen täglich trinken.
Anwendung: Unruhe, Magenbeschwerden, Leiden des Unterleibs, Menstruation, Übelkeit.
Melissentee wird auch als Schönheitsmittel angewandt: Waschungen reinigen die Haut.

Blätter:
Frisch gequetschte Blätter aufgelegt wirken schmerzlindern und kühlend bei Verletzungen, Insektenstichen.

Melissengeist:
Die Arznei der Karmeliterinnen (1611 in Paris eingeführt): 150 Teile Spiritus, 250 Teile Wasser, 15 Teile Melisse, 12 Teile Zitronenschale, 6 Teile Muskatnuß, 3 Teile Zimtkassie (Cinnamonum aromaticum, gibts in Orientläden) und 3 Teile Gewürznelken.
3 mal täglich 20 Tropfen (Kinder die Hälfte) auf Zucker einnehmen.
Anwendung: Innerlich wie bei Melissentee. Auf die gleichen Beschwerden äußerlich als Einreibung.

Melissenlikör:
Eine Handvoll Melissenblätter werden in 1 Liter Korn oder Obstschnaps (z.B. Kirsch) eingelegt und an einem warmen Ort 24 Stunden ziehen gelassen. Danach abfiltern, mit 1 Pfund Zucker süßen und Flasche verschließen.
Anwendung: Zur Nerven-, Magen- und Herzstärkung.

Pfefferminz-Melissengeist:
Je 1 Pfund Pfefferminz und Melisse werden in ein großes Einmachglas gefüllt und mit 1 1/2 Liter Wasser übergossen. Das Gemisch 4 - 6 Tage an einen warmen Ort oder in die Sonne stellen (gut abgedeckt). Dann abfiltern, mit Zucker süßen und in Flaschen abfüllen.

Anwendung: Gegen Ohnmachten, Übelkeit, nervöse Herzbeschwerden.

Preßsaft:
3 mal täglich vor den Mahlzeiten 1 Eßlöffel Saft (Kinder 1 Teelöffel) in etwas Wasser oder Kamillentee einnehmen. Stärkt den gesamten Organismus.

Badezusatz:
2 Handvoll Blätter gebrüht werden dem Wannenbad zugesetzt. Entspannt und beruhigt die Nerven.

"Mutter- oder Frauenkraut...", "darumb / daz es zu der mutter (Gebärmutter) bei den frawen hefftig gebraucht würt."

Kräuterbuch 1534

"Die Melisse ist warm, und ein Mensch, der sie ißt, lacht gern, weil ihre Wärme die Milz berührt und daher das Herz erfreut wird. Aber wem das Weiße im Auge wächst, der reiße sie mit der Wurzel aus der Erde, und die eben entwurzelte Pflanze lege er über Nacht in das Wasser einer sprudelnden Quelle, und dann erwärme er die Pflanze in einer Schüssel, nachdem sie aus dem Wasser genommen ist. Und so warm lege er sie auf jenes Auge. Und dies tue er während drei Nächten, und das Weiße in seinem Auge wird geheilt werden und verschwinden."

Hildegard von Bingen (1098 - 1179)

"Es ist Melissen / warm im andren Krafften Grad /
Ist trucken / und darinn die erste Stelle hat /
Die Mutter und das Hertz / den Magen und das Haupt /
Melissen stärckt / darauß fünf Stück seind feyl erlaubt.
Die schweren Träum bey Nacht / und die Melancholey
Melissen stillt / man sagt / daß sie sehr nutzlich sey
Vor Schwindel / Frayß und Schlag / dem Magen sey sie gut/
Ohnmachten sie / zugleich der Mutter steuren thut.
Befördert ihre Zeit / fauln Athem in dem Mund.
Verbessert sie / und macht die böße Biß gesund."

Medizinalischer Parnaß 1662

"Melissa ist von allen Dingen,
welche die Erde hervorbringt,
das beste Kräutlein für das Herz."

Joh. Theophrast v. Hohenheim, gen. Paracelsus
(1493 - 1541)

"Melissen kraut hat an den Blättern die Signatur und Anatomey des Herzens; ist ein edel kraut gegen alle Herzkrankheiten wie sie den Namen haben mögen."

Signatur 1618

"Die Melisse macht anmuthige Träume, weshalb man sie bei der Abendtafel genießen soll", heißt es im Zauberarzt.

Nach Tabernaemontanus heißt es:" So jemand von Bienen gestochen ist, der lege diß Kraut über, es nimmt die Schmerzen", auch solle man die Bienenstöcke damit einreiben, dann fliegen sie nicht davon. Vor allem dient das destillierte Melissenwasser dazu, "das schwache, ohnmächtige Herz zu stärken und zu erquicken, in sonderheit wann es des Nachts bochet und beängstiget, wird ein Trunk davon getan." Außerdem "in der Laugen gebeizet und damit vielmal gezwagen (gewaschen), behält das Haar bey seiner Farben, daß es nicht bald grau wird".

WEGERICH

20.2. - 20.3.

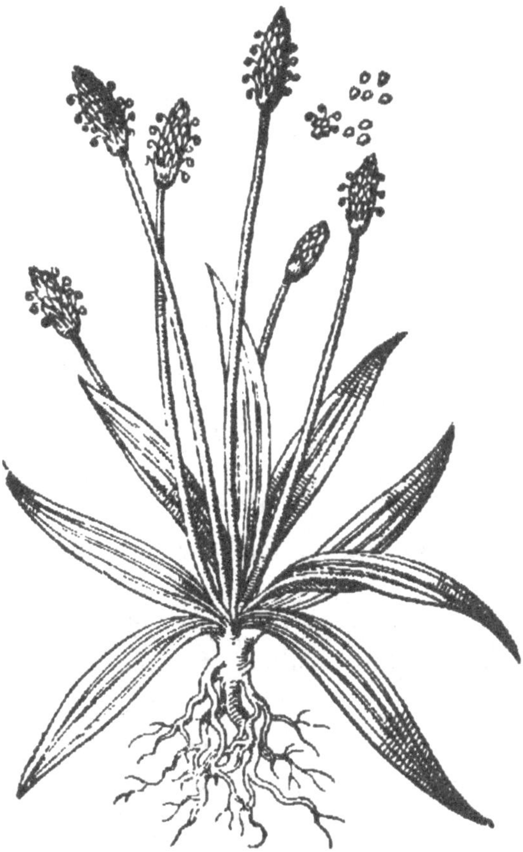

Wegerich: Lämmerzunge, Aderkraut, Siebenrippe, Heudieb, Wegebreit, Blutpflaster, Wegetritt, Heilwegerich, Wundwegerich, Ballenblätter, Dreisigkraut, Fünfaderkraut, Beherrscher des Weges, Straßenkraut.

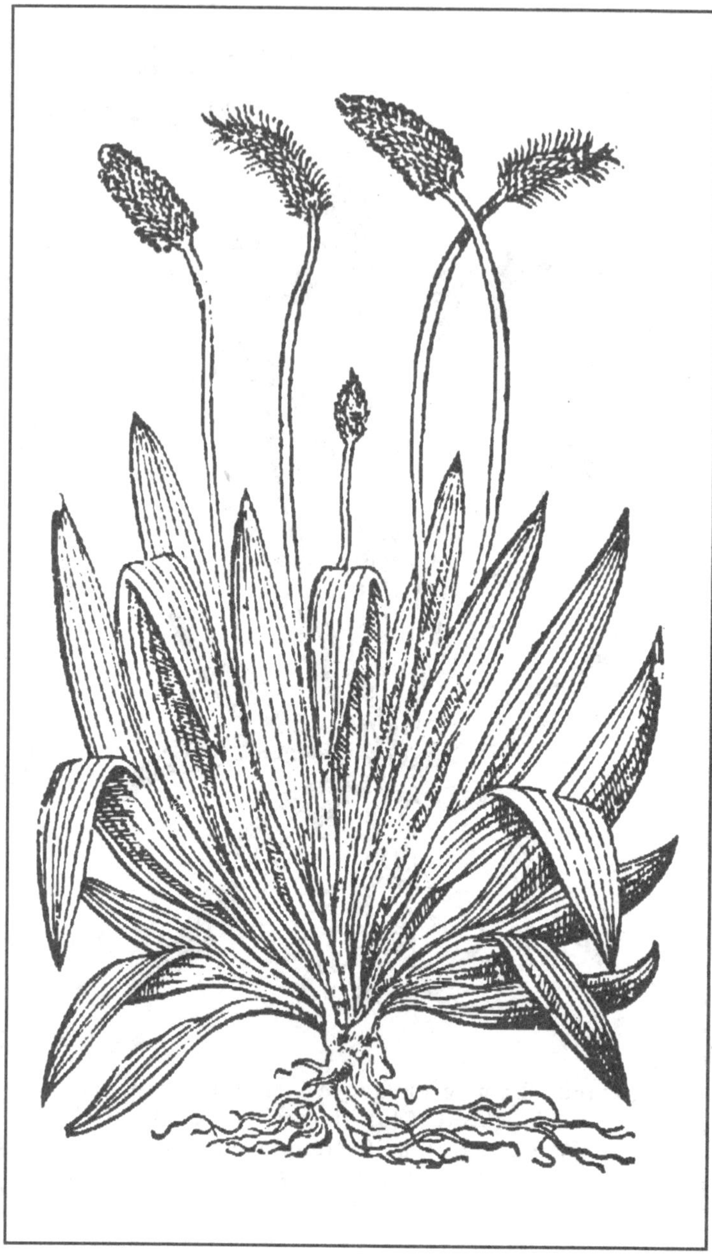

Wegerich oder die Fußstapfen des weißen Mannes
(20.2. - 20.3.)

Der Wegerich wächst überall, ist immer zur Stelle, wenn man ihn braucht. Dieser Mensch sieht die Welt oft mit verträumten Augen, er ist mitleidig und hilfsbereit.
Sein Idealismus hilft ihm, die Menschen, die er liebt, bedingungslos zu akzeptieren. Oft schafft er sich dann ein Traumbild der geliebten Person und ist erstaunt, daß er vielleicht jahrelang dieses Traumbild verehrte und daß die reale Person völlig anders ist.
Sein Idealismus, die Luftschlösser, die er baut, machen den Wegerich so liebenswert, doch kann ihm gerade das zum Verhängnis werden. Dieser sensible Mensch neigt eher zum Träumen als zum Handeln. Er läßt sich mitunter treiben, das Leben scheint ihm eher zu geschehen, als daß er es in die Hände nimmt.
Seine große Mitleidensbereitschaft bringt ihn dazu, anderen zu helfen, ja, er kann sich regelrecht für andere aufopfern, ob diese es nun verdienen oder nicht.
Ein Wegerich muß aufpassen, daß er sich nicht selbst verliert, er neigt dazu, über gewisse Dinge, wie z.B. Drogen, die Kontrolle zu verlieren. Deshalb ist es für ihn wichtig, sich einen guten Realitätssinn zuzulegen.
Der einfühlsame Wegerich ist auch künstlerisch veranlagt. Es tut ihm gut, sich in diesem Bereich auszuleben.

"Der ist kalt vn feucht / hat an dem Menschen innen die beyde Füsse / Das Kraut vnder diesem zeichen / ist am meisten gut zu den geschwulsten / der Füsse / zu den geschwollnen Knoden / zu den verruckten Glidern / zu den faulen Schäden daselbst / auch zu mehr andern Kranckheiten / die zu den Füssen und Knoden kommen. Die Bletter sind kurtz / breit / gescheibt / grünfarb / grob / eines unlieblichen geschmacks / fast wässrig / sind gut zugebrauchen zu den Gliedern oder Knoden / da jemand das Glidwasser fleußt / oder jemand sonst wässerigerinnende geschwer hatte. Der Safft von diser wurtzen ist fast zu gut zu den geschwulsten der Knoden

/ zu dem Lohfewr / zu den verruckten gliedern an den Füssen."

Der König der Wege

"Den Wegerich hat der liebe Gott an alle Wege gestreut, in alle Wiesen und Raine gesetzt, damit wir ihn stets bei der Hand haben; denn er ist unstreitig das erste, beste und häufigste aller Heilkräuter."
(Joh. Künzle, "Kräuterpfarrer")
Der Name "Wegerich" ist sehr alt und bezieht sich mit der Endsilbe auf das althochdeutsche "rih"-König. So weist die Bezeichnung "Beherrscher der Wege" auf seinen Standort hin: Wege und Wegränder.

Die "Fußstapfen des weißen Mannes"

Es gibt drei Wegerich-Arten, die bei uns besonders stark verbreitet sind: Spitzwegerich, Breitwegerich und der Mittlere Wegerich. Es sind ausdauernde Pflanzen, deren Blätter in einer Grundrosette stehen. Die Blätter des Spitzwegerichs sind lanzettartig, des Breitwegerichs breit-elliptisch und des Mittleren wie eine Mischung aus den anderen beiden. Auf einem blattlosen Stengel sitzen die Blütenähren.
Die weißen Siedler schleppten den Wegerichsamen in Nordamerika ein, die Indianer nannten ihn deshalb die "Fußstapfen des weißen Mannes". Als Trittpflanze zeigt er verdichtete, nährstoffreiche Böden an. Die Blätter werden für Salate oder Gemüse jung geerntet. Für Tee müssen sie vorsichtig behandelt (sonst leicht schwarze Stellen) und rasch getrocknet werden.

Die heilenden Brüder

Der Breitwegerich erinnert durch die Form seiner Blätter an die menschliche Fußsohle (der lateinische Name "plantago" = von planta, die Fußsohle, weist ebenfalls darauf hin). So wird er von alters her zur Heilung und Kräftigung der Füße verwandt. Ein Blatt in die Schuhe gelegt, erfrischt die müden Füße. Paracelsus empfahl für solche Beschwerden:
"Wenn einer durch das Gehen Blasen an den Füßen bekommt, soll Wegerich mit Salz gestoßen werden und

ein wenig davon soll über Nacht aufgelegt werden. Wenn man die Schuhe am Morgen damit anfüllt, hilft dies und vertreibt den Schmerz!"

Der Wegerich wacht und wartet an den Wegen, als eine Art "Erster Hilfe". Bei Verletzungen, Insektenstichen oder sonstigen Wunden werden Wegerichblätter zerkaut und auf die betreffenden Stellen gestrichen. Hieronymus Bock wußte in seinem "Kreutterbuch": "...ich geschweig / daß beinahe kaum ein mensch ist / d'da nit wisse warzu Wegerich gut sey / daß sicht mann in täglicher übung und erfahrung."
Der Tee von Spitzwegerichblättern ist ein gutes Mittel gegen Husten, Bronchitis, Asthma und Lungenentzündung.

REZEPTE:

Spitzwegerich-Tee:
1 Teelöffel getrocknete Blätter übergossen mit 1 Tasse kochendem Wasser, 5 Minuten ziehen lassen. 3 - 4 Tassen pro Tag, mit Honig süßen.
Anwendung: alle Lungen- und Bronchialleiden wie Husten, Bronchitis, Lungenentzündung, Asthma.

Spitzwegerich-Sirup:
Spitzwegerichblätter kurz antrocknen, zerkleinern und mit etwas Wasser durch ein Tuch pressen. Den Saft mit gleichen Teilen Honig 20 Minuten lang warm halten (kleine Kochstufe beim Herd), dann in ein dunkles Gefäß abfüllen.
Anwendung: wie oben, besonders für Kinder wegen des angenehmen Geschmacks.

Augenbad:
80 g Spitzwegerichblätter auf 1 l siedendes Wasser geben und 20 Minuten ziehen lassen. Sorgfältig filtern und immer nur für eine einmalige Anwendung zubereiten.

"Wegbreit, Schäünickel (Sanikel) un ährenpries,
Dat makt de Düwel de Buern wies."

Westfälischer Hexenspruch

"Wegrichwurzel. Etlich tragen sye an dem halss / für die pestilentz / gegraben zwischen den zweyen unser Frawen tragen." (Die zwei "Frauentage" sind Mariä Himmelfahrt, 15. August, und Mariä Geburt, 8. September, die dazwischenliegende Zeit ist ja heute noch beim katholischen Landvolke als "Dreißigst" zum Einsammeln von Heilpflanzen sehr beliebt.)

Kreuterbuch 1532

"Swaz siechtuomes du an den füezen hast, so nim wegerich und mule den mit einem chleinen salze und lege den daruber, so wirt dir baz.

Arzneibuch 12. Jh.

"Und du, Wegerich, Mutter der Pflanzen,
Offen nach Osten, mächtig im Innern:
Über dich knarrten Wagen, über dich ritten Frauen,
Über dich schrien Bräute, über dich schnaubten Farren (=Stiere),
Allen widerstandest du und setztest dich entgegen;
So widerstehe auch du dem Gift und der Ansteckung,
Und dem Übel, das über das Land dahinfährt."

Angelsächs. Neunkräutersegen

"Gegen Fieber, nym wegrich, do du den vindest steen, so sprich drey pater noster stät und 3 ave maria und mulle in cze pulver und gib ez dem fiebrigen czu trincken in warmem weine und darczu IX pfefferkorn."

Handschrift von Schloß Wolfsthurn 15. Jh.

"Herbula prosepinacia! Horci regis filia! Quo modo clausisti mule partum, sic claudas et undam sanguinis hujus." (d.h.: "Wegerich! Kräuterlein der Proserpina! Tochter des (Unterwelts)-Königs Orkus! Wie du das Maultier unfruchtbar gemacht hast, so verschließe auch die Blutwelle aus dem Leibe dieses Weibes").

Blutsegen 11. Jh.

"Breitwegerichwasser ist gut, so ein mensch etwa zauberey oder lieb gessen hat / der sol das wasser 4 oder 5 tag / allen tag dreymal / jedelmal drey lot trincken / und darnach sol er ein starcke Purganz nemmen / so wird er zuhand (= auf der Stelle) ledig."

Distilierbuch 1551

Auch Pfarrer Kneipp hielt den Wegerich für ein außerordentlich gutes Mittel zur allgemeinen Stärkung des Körpers und gibt ein vortreffliches Rezept: "Eine gehörige Menge Spitzwegerichblätter, frisch gewaschen, werden mit einer Maschine nach Möglichkeit ausgepreßt. Der Saft wird gekocht, mit Bienenhonig eingedickt, bis er Fäden zieht, und diese Conserve in Gläser gefüllt. Je älter der Extrakt wird, desto besser wird er."

Der wilde Wegerich

Beim Mähen einer Waldwiese auf Johnnistag fand ein Mann von Storndorf eine ganz sonderbar geformte Blüte des sonst so häufig und überall vorkommenden wilden Wegerichs. Bei genauer Betrachtung ward er nämlich gewahr, daß die Staubfäden der Blume sich so seltsam ineinander gewirrt hatten, daß sie wie ein Vöglein aussahen, das sich auf derselben hin und her wiegt. Diese vermeinte Naturmerkwürdigkeit nahm der Mann mit nach Hause, zeigte sie auch jedem, der sie sehen wollte, ja er gab sie zuletzt einem Nachbanr, der großes Wohlgefallen daran hatte und sehr dringend darum anhielt, zum Geschenk. Doch damit hatte er auch sein Glück weggegeben; von dem Augenblick an ging ihm alles, was er anfing, so nachteilig, daß er ganz verarmte und zuletzt von Haus und Hof kam. Jener Nachbar dagegen, dem er den Wegerich geschenkt, hatte Segen bei all seinem Tun, er wußte nicht, wie, und ward ein grundreicher Mann.

Märchen aus Hessen.

Ausklang

Ich habe in kleine Löcher gesehen,
wo rundherum goldene Blumen blühen,
wo silberhelle Dämpfe wehen
und purpurne Krusten im Ocker glühen.

Winzige Hexlein kochen darin -
Fragen zu stellen hat keinen Sinn -
denn ein Wunder bricht aus der Erde hervor,
da, wo das Feuer die Glut verlor.

Im kleinen Schlammtopf sprudelt ein Brei,
in silbernen Wannen hüpft allerlei
an Blasen und Tropfen, an Perlen und Dampf -
immer mit Bleiben und Ausbruch im Kampf.

Ich habe in kleine Löcher gesehen,
wo goldene Feuerblumen blühen,.
wo der Pulsschlag der Erde zu fühlen ist,
wo man alle Gewöhnlichkeit vergißt,

weil Wunder nicht zu erfragen sind,
weil man doch immer ist wie ein Kind,
wenn das Innerste in das Äußere tritt
und man erstaunt im Weltenschritt.

Elisabeth Kling (*1950)

Mara Ordemann
Esoterik auf einen Blick - Altes Wissen neu entdeckt

Von Akasha bis Zweites Gesicht - esoterische Begriffe, die täglich mehr Eingang in den Alltag eines jeden von uns finden - einfach und leicht verständlich erklärt, objektiv und brandaktuell. Oder wissen Sie, was Aura Soma ist?
Was Sie schon immer über Esoterik wissen wollten.
Kein Buch mit sieben Siegeln, sondern eine leicht verständliche Einführung in altes Wissen.
128 Seiten broschiert DM 19,00 ISBN 3-926374-39-X

Peter Whiteheart
Tate Topa - Der indianische Weg
Meditationen und Übungen zur Heilung von Mensch und Erde

Der indianische Weg ist mystisch, romantisch und voller Wunder!
Peter Whiteheart, weißer Bruder des Apacheschamanen Eagle-Bear, zeigt, wie wir durch naturgemäße Ernährung, Meditationen zur Aufnahme von Erdenergie und Rituale mit den Vier Elementen den Weg zu innerem Gleichgewicht finden können.
128 Seiten broschiert DM 19,00 ISBN 3-926374-26-8

Scott Cunningham
Magie in der Küche
Nahrung für die Seele

Mythen, Zauber, altes Wissen ...
Liebe geht durch den Magen - aber nicht nur das. Die Energien des Kosmos sind in den Pflanzen und allem, was die Natur uns schenkt gespeichert - also auch in der Nahrung.
Scott Cunningham beschreibt sehr anschaulich, wie man diese Energien im positiven Sinne für sich nutzen und somit sein Leben neu entdecken und gezielt verbessern kann.
(Mit Rezepten, Zaubersprüchen und magischen Tricks)
304 Seiten broschiert DM 29,00 ISBN 3-926374-36-5